7日間で運命の人に出会う！

頭脳派女子の婚活力

佐藤律子

Ritsuko Sato

青春出版社

はじめに

突然ですが、左のチェックリストにあなたはいくつ当てはまりますか？

- □かわいいのに彼氏ができない
- □いい女なのに結婚できない
- □「色気がないよね」とよく言われる
- □男の愛がなくても生きていけると強がってしまう
- □男性の手に入りそうで入らない距離を保てない
- □男性を選ぶときの条件が高いことに気がつかない
- □「男好き」をはしたないと思ってしまう
- □友達以上恋人未満から脱出できない
- □彼氏ができても結婚にまで至らない
- □口ぐせは「大丈夫です」

当てはまるもの　　個
10～7個のあなたは、「**ガチガチ頭脳派女子**」です。
6～4個のあなたは、「**まあまあ頭脳派女子**」です。
3～0個のあなたは、もしかして「**モテ系女子**」？

急に「頭脳派女子」とか「モテ系女子」と出てきて戸惑っているかもしれませんね。世の中には、意識しなくても男女の雰囲気を作れてしまう恋の上手な「モテ系女子」と、**恋愛を頭で考えてしまう恋に不器用な、「頭脳派女子」がいる**のです。

頭脳派女子は、決して顔も性格も悪いわけではありません。むしろ、どうして恋愛が下手なのか不思議なくらい、清楚で見た目にも気を使い、真面目で頑張り屋さんの人が多いのです。

どうして私がこんなことを知っているのか？
「カップル成立率50％以上の婚活スペシャリスト」

「全国講演5日に1本のリピートが絶えない人気講師」

これが私の肩書きです。

元は普通の建設機械会社の経理OLでしたが、友人のド派手な結婚式に初出席して感動した勢いで転職してウエディングプランナーになり、トータル1000組以上のカップルを手掛け、30歳の時にブライダルプロデュース業で起業しました。

しかし結婚、妊娠、出産、起業が重なり事業に失敗。子どもの産着すら買えない状態まで生活が困窮しました。つらい経験でしたが、世の中のことをだいぶ学ばせていただき、その経験を活かして婚活・イベント・講師業に転換。さらに自分自身も結婚をしたことで「結婚はいいもの」という確信を得ました。

今は土日のほとんどは日本全国のどこかの地方自治体で婚活セミナーや婚活イベントを行っています。私が手がける婚活イベントのカップル成立率は平均50%以上。最高スコアは約80%。つまり、彼氏がいない独身女性が、私が運営する婚活イベントに参加すると、2分の1以上の確率で彼氏候補を見つけることができるということです。

この実績の土台が**「異性間コミュニケーション」**のメソッド。今や異性間コミュニケーションの受講者は延べ3万人を超え、企業研修でのアンケートの満足度も「とても良い・良い」90%以上を継続しています。

異性間コミュニケーションは、生物学、環境学、社会学、心理学など男女間における ありとあらゆる学問をミックスして男女の違いを体系化したものです。異性の違いを理解して認め合えば、「どうして分かってくれないの?」というストレスが減ります。そのストレスがなくなるだけで、恋愛も結婚も仕事も友人関係も円滑になり、毎日を楽しく過ごせます。

異性間コミュニケーションを考案して知ったのは、男女が恋に落ちるメカニズムは、実はとても簡単だということです。

では、なぜあなたが結婚できないのか?

それは、恋愛や結婚のしくみを誰からも教えてもらっていないからです。

理想の男性と出会って結婚をするためには、恋愛や結婚のしくみを知って、努力と行動によって運の流れを「結婚できる」ように変えるしかありません。

私には、結婚したい人がみんな結婚できる世の中になるために伝えたいことがたくさんあります。特に頭脳派女子には、異性間コミュニケーションを知って活用して幸せな恋愛と結婚をしてほしいと願っています。

恋愛にも婚活にもパートナーシップにも仕事にも役にたつ本書をお読みいただき、私の想いを受け取ってください。

本書の使い方

頭脳派女子が運命の人に出会うためには、いまの恋愛観を見つめ直す必要があります。

1日目：恋愛モードをオンにする

まず、「出会いを生み出すためのマインドセット」をします。彼氏ができない、結婚したい相手に出会えない、これは「素敵な男性との出会いがないから」と考えていませんか？

そんなことはありません。

あなたの「恋愛モード」が作動せず見落としているだけかもしれません。1日目は、恋愛スイッチをオンにする方法を紹介していきます。

2日目：男を見る目を養う

せっかく恋愛モードがオンになっても、これまでの人生経験で上げてしまった男性への厳しいハードルで恋愛相手を狭めている可能性があります。

ふつうでいいといいながら、なかなか見つからないのがふつうの男性。

あなたの人生のパートナーになりうる男性の見つけ方を学びましょう。

3日目：間違った自分磨きをやめる

頭脳派女子は自分磨きが大好きで一生懸命やります。

でも、女性が考える自分磨きは男性には魅力的に見えないことが多いもの。モテるための自分磨きはハードルが高そうなんて思わないで。男性に媚びるのではなく、あなたの魅力を引き出す方法を紹介していきます。

4日目：「トキメキ重視」を考え直す

「ドキドキもトキメキも感じられないから、この男性は運命の人ではない」

今まで、そんな風に思って恋愛対象から外していたから運命の人を見つけられずにいるのかもしれません。運命の人に出会っても見逃さないための心構えを伝授します。

5日目：女子力不要のコミュニケーション術を身に付ける

雑誌の恋愛特集などの男性を虜にするテクニックを見て「自分にはそんな女子っぽいことはできない！　無理！」と思っていませんか？

しかしこのままでは、せっかく素敵な男性と出会ってもうまくいかないことも分かっている。どうしたら男性を惹きつけ、夢中にさせる女性になれるのか？　頭脳派女子でも実践できるテクニックをレクチャーします。

6日目：これまでの男性像を捨てる

頭脳派女子にありがちな、男性に対して誤解をしていたり、思い違いをしている部分を紹介していきます。今まで一生懸命に、彼とのお付き合いを続けようとしてもうまくいかなかった理由を理解しましょう。

7日目：恋愛から結婚へ。「この人！」と思えるマインドを手に入れる

婚活でカップルになれても、その先へ進まずに終わってしまうのはなぜでしょう？　なかなか恋人に発展しない理由を考えてみましょう。

最終日は、あなたがお付き合いを続け、運命の人と結ばれる秘訣をお伝えします。

「たった7日で運命の人が見つかるなんて思えない」

そう思う人もいるかもしれません。

しかし、大切なのはこの本を読んであなたがどう行動するかです。最後まで読んだ先には、これまでにない恋愛の感覚が芽生えていることでしょう。その変化はあなたの婚活力を大いに上げてくれるものです。

たった7日の小さな変化が、あなたの人生を大きく変えるうねりになる。頭脳派女子だからこそできる恋愛術を実践してみてください。

7日間で運命の人に出会う!

頭脳派女子の婚活力

CONTENTS

CONTENTS

CONTENTS

5 DAYS

女子力不要のコミュニケーション術を身に付ける

――男性をその気にさせる、デート中のさりげないひと言とは

6 DAYS

これまでの男性像を捨てる
――「本当の男心」をわかっていれば、哀しい別れは避けられる

7 DAYS

恋愛から結婚へ。「この人！」と思えるマインドを手に入れる
――素直に本心を伝えられれば、「仲のいい男友だち」が「運命の人」に……

CONTENTS

本文デザイン・ＤＴＰ／黒田志麻　企画協力／糸井浩
カバー写真／tomertu/shutterstock.com

Introduction

頭で考えすぎてしまう「頭脳派女子」が、恋に悩むのは当たり前

彼氏いない歴が長くても、モテないわけではない

彼氏がいない＝モテないという図式ではありません。

むしろ清楚で可愛らしい雰囲気の女性が多かったりします。

男性から声をかけられることもありますが、男性からの好意に対して「下心があるのでは？」とか「興味を持てなくて面倒くさい」と、とらえて男性を受け入れられないことが多い傾向にあります。


理想の相手であれば恋もしたいし、結婚もしたい。

でも、今の彼氏なしの状態でも、女友だちと遊んだり趣味を楽しむことで、そこそこ楽しく過ごせる。

でもでも、気がついたらアラフォー。

ようやく結婚に焦るけど、交際経験が少ないのでどうしたらいいのかわからず、中学生レベルの恋愛ビジョンで婚活をスタート！

けれども、いかんせん中学生レベルなので当然うまくいきません。

十代から彼氏がいるタイプの女性と比べると、男性に対しての願望が幼稚です。「お金があって、かっこよくて、強くて優しくて気配りができて、私を守ってくれる人」

そんな男性はごく少数ですし、アラフォー女性の前にはほとんど現れません。

現実の自分と現実の相手を知りましょう。

男が寄ってくる「モテ系女子」は一握り。女性の8割は「頭脳派女子」

いま、「モテ系女子」が大流行です。

モテ系女子とは、異性への行動を頭脳より本能で決めて、自分の本能に素直に生きることで幸せをつかむことが出来るという思想を持つ女性たちのことです。立ち居振る舞いや言動が自由で女の子らしいのが特徴。

「キラキラ女子」と呼ばれる女性もいます。高級な飲食店、高級ホテル、リゾート地で撮影した写真をインスタなどのSNSでアピールするキラキラ女子。大事なのは、生き方をキラキラに見せること。

そのキラキラしている姿を見て「私もこんなに自由に生きてみたい！」と、現代社会で疲れ切った多くの女性達が共感しています。

「生きたいように生きていい」

「イヤなことはやらなくてもいい」

「今を受け入れれば幸せを感じられる」

これらの考えは、たしかに幸せそうな感じがしますが、キラキラに憧れていてもなかなか実践できないと考えるのが頭脳派女子。

頭脳派女子は「ちゃんと」しています。「きちんと」しています。

いや、「ちゃんと」するのが「きちんと」するのが心地いいのです。

中学や高校のクラスでも、男子とイチャイチャできる女の子は2割ぐらいで、あとの8割は男子と仲良くしたくても可愛く振る舞えなかったはず。

頭脳派女子は、学校を男子と抜け出すような校則破りみたいな冒険ができないし、したとしてもきっと落ち着きません。

「ちゃんと」「きちんと」していたいのが頭脳派女子なのです。

あなたは頭脳派？ モテ系？「飲み会の忘れ物への反応」ですぐわかる！

あなたは会社での飲み会に参加しました。楽しいひとときを過ごして一次会が終了！ さぁ、二次会へ向かうぞと2軒目のお店に向かう途中。あなたはスマホを一次会のお店に忘れてきてしまったことに気がつきました！

「あっ！ スマホを前のお店に忘れてきちゃった!!」というあなたに、他のメンバーも心配します。

この後、あなたはどんな行動をするでしょうか？

❶「ごめん！ 先に行ってて！ スマホ取ってくるから」と自分1人で取りに行く

❷「スマホ、どうしよう…？」と人の良さそうな男子に頼ってみる→その男子が「ボクが取ってきてあげるよ」となるか「よし、一緒に行こう」となるか。

もし、あなたが❶なら頭脳派女子。

❷の振る舞いができるならモテ系女子です。

もし❶の状態で、優しい男子が「ボクも一緒にいこうか？」と声をかけてくれても、きっと「大丈夫！」と言って断ってしまうでしょう。

頭脳派女子の口癖は「大丈夫」だからです。

合コンで照れもせず、「一緒にお風呂に入りたい」と言えるモテ系女子

あなたが合コンで男性をお持ち帰りしたい時にオススメの一言があります。

例えば、3対3の合コン（合コンの成功率が上がるのは奇数同士でのセッティング）でのこと。とても盛り上がって、いい感じに酔ってきて、隣に座った男性とカップルになれそうな予感。まったりした空気が流れて心地よい。

そこであなたの男性への一言。

「なんか、一緒にお風呂に入りたい気分だね」

この一言を聞いた男性は、頭の中があなたとの入浴シーンでいっぱいに！

「2人だけで二次会に行こうか」なんて誘われる確率はかなり高いでしょう。

これができたら、あなたはモテ系女子の可能性大です。

頭脳派女子にこのテクニックをオススメすると、のけぞりながら「えー！　無理無理無理無理無理無理!!」と一生分ぐらいの「無理」を言います。

モテ系女子になろうとしなくても、「本物の恋」は手に入れられる！

恋愛するために生まれてきたような可憐なモテ系女子にいつも美味しいところを持って行かれてしまっている、恋愛ベタな頭脳派女子。

頭脳派女子は、人生において恋愛以外の項目が充実しているので、自分の「人生の大事なことランキング」で恋愛の位置が低いのが特徴です。

1位 仕事、2位 趣味、3位 女子会、4位 恋愛、みたいなランキングです。

これでは、「人生の大事なことランキング」恋愛1位！　のモテ系女子に恋で負けるのは当たり前。だって、本気度が違いますからね。

しかし、頭脳派女子の恋愛に対する理想は、モテ系女子よりもずっと高いのです。

頭脳派女子は、恋はハートでするモノだと思い、絶対にトキメキが必要だと思い込んでいるところがあります。

でも、いいんですよ、頭脳で恋しても。

頭の中で男性を冷静に分析して、良いところをたくさん見つけて、それが情を動かして恋に発展することを目指すことで「本物の恋」になるのです。

ぼうぼうと燃えさかる炎のような恋ではないけれど、水がさらさら流れるような落ち着いた恋が、頭脳派女子にはできるはずです。

★★弱点は、考え方次第で魅力になる！頭脳派女子の「強み」を活かそう

頭脳派女子のみなさんだって、本当は、モテ系女子のような振る舞いがしたいと思っているかもしれません。でも、できないことを無理にやる必要はありません。頭脳派女子には、頭脳派女子の魅力があります。

・頭脳派女子は運命の出逢いを計算で引き寄せる

・慎重なので男選びに失敗しない
・「かまってちゃん」なモテ系女子は負担が大きい
・モテテキを自分で作れるのが頭脳派女子
・男性の親友のような存在になれる
・「相手に期待しない」最強の愛情を提供できる
・恋を頭脳戦略で結婚に向かわせる
・ひとりでも生きていける強さがある

今まで、「モテないよなぁ」と思っていた、頭脳派女子の弱点は、モテ系女子には出せない魅力として活かすことができるのです。もっと自信を持って、頭の良い自分を出していきましょう。

1 DAYS

恋愛モードを制限している自分を解放する

あなたの恋は「恋愛スイッチ」を
オンにしたときスタートする！

恋愛上手になる5つの行動指針

常に恋愛モードなモテ系女子に比べて、頭脳派女子は恋愛の優先順位が低いので、なかなかスイッチオンになりません。でも、アラサー・アラフォーになって、結婚したい！　と思ったら、一日も早く恋愛スイッチを入れて行動しましょう。なぜならば、あなたには時間がないからです。

モテ系女子は無意識でも恋愛モードを男性にわかりやすく伝えることができます。一方で頭脳派女子は、そもそもつねに恋愛モードではありませんし、恋愛モードを自分で制御してしまう傾向があります。恋愛モードをオン！　にするためのオススメの５つの行動指針をご提案します。

❶ 好奇心

「なんか、面白そう！　楽しそう！」を大切にしましょう。

行動を起こすための動機は、なんでも楽しもうとする好奇心が一番です。男性との出会いの場をすべてワクワクするようにして面白がってください。

❷ 粘り強さ

例えば「2年間は、何が何でも婚活をやり遂げよう」という気持ちが大切。婚活は恋愛からスタートして結婚に向かうものなので、期間を決めるとやりやすいです。期限を決めたら、その間は粘り強くがんばりましょう！

❸ オープンマインド

ピン！　ときたらパッ！　と動く。

「合コンあるよ！」「合いそうな人紹介するよ」など、ピン！　とくる出会いの機会を得たら深く考えず、パッと瞬発力で動きましょう。

❹ 楽観性

「私は、絶対、素敵な恋ができる！」「私は、絶対、結婚できる！」と信じましょう。

私が考案した異性間コミュニケーションでは、女性は望んで適切な行動をすれば100％結婚できるとしています。「100％だなんて…」なんて疑わず、そう思い込んでください。

❺ リスクテイク

被害者意識から抜け出しましょう。

うまくいかないことを

「もう、誰かのせいにしない」と、自分で決めるしかありません。

この人生は自分で選んでいるのだ！　こう思うことで、恋愛スイッチが入りやすくなります。

さぁ、まずは行動しましょう！

恋愛も結婚も仕事も人生も、立ち止まっていては何も変わりません。動くからこそ、行動するからこそ、欲しい幸せをつかめるのです。

群れる女より群れない女がモテる

群れる女性より群れない女性の方が実はモテます。

異性間コミュニケーションでは、女性は精神的な繋がりを求める人間関係を作りたがり、女性が生きていくために群れを作るのは必要な行動としています。

しかし女性は、群れているからといって仲が良いわけではありませんよね。男性はそこを見ていて、女子会が大好きで群れている女性は、彼女にすると面倒くさそうと思わせてしまうことがあるのです。

群れない女性は、自分の意思を持っていて他人に流されることがなく、ミステリアスに見えます。男性はそのミステリアスさに惹かれて、ますます彼女のことが知りたくなり、好きになってしまう。それがモテるということに繋がるのです。

適度に女友だちはいるけれど群れることはない、というのが男性には魅力的。

群れない女になるには、ひとりの時間を作ってみること。好きなことに没頭したり、理想とするライフスタイルを叶えてみたりして、自分を見つめてみましょう。

「理想の男性」はファンタジー

女性から人気が高い理想の「彼氏の条件」

・恋愛に積極的
・身だしなみに清潔感がある
・優しさと強さがある
・聞き上手
・しっかりとした考えを持っている
・決断力があって頼りになる
・紳士的で女性を大切にする

ハッキリ言いますが、こんな人はほとんど存在しません。理想はファンタジーであり、現実とは違います。男性とは永遠の子どもであると言われていますから、ここまで男性に期待するなんて酷です。

それから、良い人との出会いがない、仕事と結婚の両立が難しい、趣味などの自分の時間を減らしたくない、今の時代、結婚にメリットがないと考えていませんか？「私がその気になれば、いつでも恋愛も結婚もできるわ」と思っていたら、認識が甘い。理想はあくまでも理想。好意を持つキッカケにすぎないと心がけましょう。

恋愛運は自分の意識で変えられる

「恋愛運を上げるために、○○をする」という○○の中には、言葉や行動が入ります。出会いの場所に行く、パワースポットへ行く、トイレ掃除をする、など。

でも、そもそも恋愛運ってなんでしょう？

恋愛上手なモテ系女子は、自分の価値を高く見積もっていることが特徴。それが男性を引き寄せているならば、恋愛運を良くするには自分の価値を認めること。

自分の価値を認めることができると、男性に対して「頼る」「やってもらう」「モノをもらう」「甘える」ことが素直にできるようになります。

自分を「愛される存在」だと認めることが大事です。

男性にとって、あなたは一緒にいるだけで幸せを感じられる存在。可愛くて可愛くて仕方ない存在。こう思い込むことで「愛される」ことを自分に許可しましょう。男性からの扱われ方は、自分が自分に対しての扱いと同じです。お姫様のように扱われることが理想ならば、あなたが自分をお姫様のように扱えばいいのです。

　こうして自分の価値を上げると、恋愛運だけではなく、いろんなことが良い流れに乗って、人生が劇的に変わります。

頭脳派女子の落とし穴は「セックスしたら恋人」の思い込み

　火遊びのような恋が苦手で、真面目に恋をしたいと考える頭脳派女子の場合は特に、恋愛感情がなかった相手でもセックス後に好きになってしまうことがあります。しかし男性の場合は、残念ながら恋愛感情がなかった相手とのセックス後に、その女性を好きになることは、ほとんどありません。

男性は女性との関係を、恋人、セフレ、友だち、会う必要もないの4つに分けます。

つまり恋人にしたい女性とセフレとして付き合いたい女性を区別しているのです。

ということは、そもそも女性に好意を持っていないと、セックス後に恋人に発展しないことになります。そんな男性側の意思を確認するためには、セックス後のデートや会話、LINEなどのやり取りでだいたいわかります。

セフレだったら、次に会った時に会話もそこそこでホテルへ直行パターンでしょう。恋人として付き合うには、性的な魅力に加えて、価値観が近いか、会話が合うかなどで決まるものなので、次のデートが、会話重視で価値観を確かめ合うような丁寧な行動だったら恋人になれる可能性大です。

「目で恋をする男」の一目惚れを引き寄せよう

男性は、目で恋をします。目から入る情報を一番信じやすいと言われています。実際、アメリカで1500人の成人男女を対象に聞き取り調査したところ、60％の人が実際に一目惚れの体験を持っていたそうです。

さらに一目惚れの経験のある人の、10％が結婚や長期的な交際をしていることがわかりました。なんと、結婚に至った人も、一目惚れした人全体の55％と半分以上でした。これらの数字からわかるのは、男性の一目惚れからスタートする恋愛はかなり多いパターンであるということです。

男性の本能の中には、自分の遺伝子を後世に残そうとする本能が強く働いているので、より優れた女性に惹かれる心理があります。

では、どんな女性が一目惚れされやすいのでしょうか？

笑顔が可愛いとかスタイルがいいとかもあるのですが、一番は、画一的な印象ではなく、**ちょっと目立つ個性がある雰囲気を持っていることです。つまり、容姿が個性的で優れていると一目惚れされる確率が高くなります。**

やはり、一目惚れされやすい人、つまり恋愛を楽しみたい人は、かなり意識して外見を磨いている場合が多いものです。頭脳派女子はＴＰＯを重視して、良くも悪くも無難なファッションになりがちで、個性が見えにくい傾向にあります。好感はもたれやすいですが、一目惚れさせるには引きが弱いのです。

メイク、ファッション、スタイルの維持など、個性を大事にしつつ、男性ウケするちょっと目立つ容姿作りをしましょう。

男が落ちこんでいる時が頭脳派女子の恋のチャンス

好きな人が落ち込んでいる時、それはチャンスです。

男性が落ち込んでいる時、心にすごく大きな隙間がぽっかり空いています。男性は女性と違い、「落ち込んでいる自分」を他人に知られることを嫌がる傾向があるため、自分からその状況を周りに伝えることは少ないもの。それは弱気な自分はカッコ悪いと思ってしまうから。

だからこそ、元気がない自分に気がついて、さりげなく「大丈夫？」と声を掛けてくれる女性の存在はとても嬉しく、信頼関係を築きやすくなります。

彼が落ち込んでいる原因などについて話してくれる時は、むやみに口を挟まず「うんうん」と頷いて、彼の話をしっかり聞いている姿勢を取りましょう。やってはいけないのは、「それは違うと思う」などと意見すること。落ち込んでいる時の否定は傷が深くなりやすいからです。とにかく、聞く姿勢を見せることで、彼は

「彼女はボクのありのままを受け入れてくれている」と好意を持ちやすくなります。

キレイになる恋、ブスになる恋

キレイなる恋とブスになってしまう恋の違いは、男性から誠実に真っ直ぐに愛されているかどうかです。

彼に好かれているかどうかを気にして行動するような、尽くす女、都合のいい女になってしまうと、女性の魅力を大きく下げてしまいます。

真面目な頭脳派女子は彼の好みに合わせすぎて、本人の魅力に合わないメイクやファッションになりがちな傾向にあるからです。

恋をしてキレイになるというのは、自分らしく似合うメイクやファッションが楽しめて、かつ、好きな人に「キレイだね」「かわいいね」と褒められることです。

あなたを大切にしない男性との恋は、あなたの美しさを損ねるので、逆に、恋人がいない時の方がむしろキレイだったなんてことになりかねません。

せっかく恋をするなら、キレイになる恋をしましょう。

頭脳派女子

Column

「結婚しない」と決めた人の人生設計の考え方

厚労省は、現30歳以上の男性の約3人に1人、女性の5人に1人が「結婚しない」で老後を迎えると推計しています。

【2016年　年代別未婚率】

30～34歳　男性未婚率…47・1％　女性未婚率…34・6％
35～39歳　男性未婚率…35％　女性未婚率…23・9％
40～44歳　男性未婚率…30％　女性未婚率…19・3％
45～50歳　男性未婚率…25・9％　女性未婚率…16・1％
50～54歳　男性未婚率…20・9％　女性未婚率…12％

※国勢調査2017年5月26日発表

アラフォーになったら「結婚しない」という人生の選択もリアルに考えていかなければなりません。

結婚しないなら、働き続ける力、人間関係が貧困にならないことが大事。人生を充実させ、友人も多く持ち、お金と体力が十分にある。これだけ揃っていたら、1人でも生きていけますが「私には無理」と思うなら、死ぬ気で婚活しましょう。

「結婚しない」と決めることは、「婚活する！」と覚悟するよりも多くのパワーが必要なのです。

そして、両親の存在の大きさ。今あなたが30歳でご両親が65歳だった場合、確率的にはあと20年強は一緒にいられることになり、その後30年以上、あなたは一人で生きることになります。本気で守ってくれる親、自分を一番に思ってくれる親がいない世界で30年以上生きることになるのです。結婚は、親に代わる信頼する保護者を得るということでもあります。

この現実があっても「結婚しない」ことを選択しますか？

もし、あなたが「結婚しない」ではなく「結婚できない」ならば、本当に本気で死ぬ気で婚活してください。結婚は、きっと、あなたの人生を救います。

2 DAYS

男を見る目を養う

「普通の男性」の魅力に気づけば、
恋のチャンスはグンと拡がる！

「男らしい男性」が良いとは限らない

女性の理想の男性としてよく言われるのが「優しくて男らしい人」。安心・安定・健全なイメージが好きな頭脳派女子は特に好きですよね。男性の男らしさとは、男性ホルモンと呼ばれるテストステロンの量でおおむね決まってくるようです。

テストステロンは別名「モテフェロモン」。女を本能的に惹きつける唯一の物質としても有名です。テストステロンが多いと見た目の体格がよく性欲も強い。つまり、生殖力の高い男性ほどこのホルモンを多く分泌しているということを、女性は本能的に知っているのですね。

・テストステロンが多い男性の長所
堂々としていて決断力もあり、自信に満ちている。闘争意欲があり、自己主張もしっかりとしている。たくましい体格と筋肉がある。性欲が旺盛で生殖能力も高い。

・テストステロンが多い男性の短所
一人の女では満足せずに浮気を繰り返す。家庭的ではない。激高しやすくＤＶを犯しやすい。落ち着きがなく物事の分別がつかない時がある。

「優しさ」と「男らしさ」は、水と油のように相反するものです。

男らしくてカッコイイ男性は、モテホルモンであるテストステロン値が高くて、優しいけど、いわゆる「いい人」止まりの男性はテストステロン値が低いようです。

「男らしい男性」は女性が育てる

時代の流れで、わかりやすい「男らしい男性」が減ったと言われています。

昔の男性が男らしかったのは、側で支える女性がいたから。

団塊世代までの男性が男らしかったのは、男は仕事！　女は家庭！　のはっきりした役割分担によって男としての役割を果たしていたからです。

そして今、男らしい男性がいないのは、女性の社会進出にも影響されています。

特に頭脳派女子は、男性と同じ職場で対等に仕事を任されるようになると、男には負けないと対抗心を燃やすことがあるでしょう。対等に仕事をすることで、男性の情けなさを見てしまうこともあると思います。その結果、男性に優しくない女性が多くなったのも、男性が男らしくなくなった原因です。

例えば女性が男性から「キレイだね」と言われると、うれしくてもっとキレイになろうと努力をしますよね。

それと同じで、男性にも「カッコイイね」とエールを送ったり、仕事で失敗してへこんでいる男性には「あなたならデキる！」と励ますことで、男性は男性らしく生きていけるのではないでしょうか？

男性に元気や勇気を与えることは、決して媚びることではありません。

頭脳派女子には難しいことかも知れませんが、あなたの笑顔と「カッコイイね」の一言が男性を男らしくするのです。

男性のニオイが「絶対ムリ！」の原因？

1995年にスイスの動物学者、ヴェーデキント博士がある実験を行いました。44人の男性に2日ほど着用し続けてもらったTシャツを、49人の女性にニオイを嗅いでもらって、その反応を調べるというもの。男性たちは実験期間中は、二晩続けて着用したまま就寝してもらいました。ヴェーデキント博士は、男性たちの汗を吸ったTシャツをそれぞれ横手に穴をあけた箱に入れ、女性たちにTシャツごとにニオイを嗅いでもらい好みを示してもらいました。

結果、ほとんどの女性が「好みだ」と答えたのは、それぞれ「自分の遺伝子型ともかけ離れた遺伝子型をもつ男性」のTシャツでした。逆に「好みでない」とされたのは「自分の遺伝子型に近い遺伝子型をもつ男性」のTシャツでした。

分泌された遺伝子のフェロモンで判別されていたのです。

つまり、ニオイ（フェロモン）と配偶者の選択には密接な関係があり、女性はニオイで本能的に、配偶者として好みの男性を選択していると考えられます。女性は、本能的にニオイで「免疫の強い、病気になりにくい子」を作れる配偶者を選択しているので**「ぜったいムリ！」な男性は、遺伝子レベルで身体が嫌がっていると推測されます。**ムリしてお付き合いしない方がいいでしょう。

つまり、女性が本能的に「いいニオイ」と感じる男性なら恋愛に発展しやすいということ。自分の身体に正直に相手を選んでもいいのでは？　と思います。

DD（誰でも大好き）精神が必要

「DD」（ディーディー）とは、アイドル用語の「誰でも大好き」の頭文字からきたもので、特定の推しメンを持たないファンを指します。

頭脳派女子には、逆の使い方をオススメします。

つまり、アイドルがどんなファンでも喜んで受け入れるように、ディズニーランドのミニーちゃんが誰とでも抱き合うように、頭脳派女子のあなたも、男性を選り好みしすぎないで受け入れることを意識してみてはいかがでしょう？

ヒントは「女性性」です。女性性の中には、対極する二つの魅力が存在します。

一つ目は、すべてを丸ごと受容する「女神力」。

男性を包んで癒していくエネルギーです。女性の「女神力」を前にすると、男性は心と身体から重い荷物をおろして安らぐことができます。

そして、可愛らしさやセクシーさの「小悪魔力」。

女性の無邪気さ、自由さ、華やかさという魅力。男性はどうしようもなく惹き付けられ、そういう女性を守りたくなります。

ちなみに男性性も「父性」と「少年性」という、対極する二つの魅力があります。頭脳派女子のあなたが、自分の女性的な魅力を受け取ることが、そのまま、男性へのギフトとなります。女性性を開花させて、ＤＤ精神で男性を受け入れてみてはいかがでしょうか？

今まで、たくさんの恋愛や婚活の相談に乗ってきましたが、頭脳派女子は、自分の女性性をちゃんと受け入れると、男性との出会いに恵まれる傾向にあります。逆に言えば、本当の女性性を受け入れてないから、男性の魅力に気づきにくい状態になっていると思います。

「女神力」と「小悪魔力」の女性性は、すべての女性の中にあって、それぞれ個性があります。自分の中の女性性を受け取って、自信に満ちた出会いを見つけてくださいね。

「EXILE」を選ぶ女子と「嵐」を選ぶ女子

男らしさ全開の「ＥＸＩＬＥ」と優しさ全開の「嵐」。

どちらがお好みですか？

私の周囲や婚活相談のお客様の傾向では、ＥＸＩＬＥ好きはモテ系女子で、嵐好きは頭脳派女子かな？　と思われます。

男らしさと優しさを女性性と男性性で考えてみましょう。

男性性を表す特徴
・行動力
・決断力
・リーダーシップ
・論理性
・力強さ

女性性を表す特徴
・共感力
・受容力

・感情表現が豊か
・感受性が豊か
・優しさ

男性性が強すぎる男性の場合、女性特有の価値観や感性が理解できない傾向にあります。「なんですぐ泣くんだ」「結論から先に言えよ」など、女性の感情を理解しない言動が目立ちます。

頭脳派女子も、男性性が強すぎる傾向にあるので、ヘタをすると男性よりも行動力や決断力があります。それで男性が頼りなく見えてしまうんですよね。だから女性性寄りの雰囲気がある優しさ全開の嵐が好きなのかもしれません。

頭脳派女子のあなたが「大丈夫です！」「できます！」とがんばるほど、周囲の男性はドン引きするでしょう。

それを防ぐためにも、女性性の「女神力」である共感力や受容力を身に着けると、人の気持ちに寄り添い、人を受け入れられるようになるため、男性に思いやりを持って接することができるようになります。

もちろん、男性性の特徴である行動力や論理的な思考力も仕事面では必要です。身に着けておくと、問題解決能力が上がって、素早く状況を改善していくことができますからね。

女性性と男性性の両方の良いところをバランス良く身につけていると、自然に女性の気持ち・男性の気持ちがわかるようになり、異性の目線で自分を見ることができるようになって、ＥＸＩＬＥの魅力も嵐の魅力も素敵と思えるでしょう。

恋バナを不幸系で話す？ 幸せ系で話す？

恋愛の話を誰かに話す時、あなたはどんな切り口で話をしますか？

ラブラブハッピーな喜びの切り口ですか？

イライラ嫉妬の辛さの切り口ですか？

実は、この言葉のチョイスがあなたの恋愛の命運を分けてしまいます。言葉が人生を支配しているからです。

心配事の80％は現実化しないと言われています。

だから、心配しすぎると心配事が現実化してしまうのです。

例えば、失恋した体験をいつまでも引きずって、新しい恋をしているのに「また振られたらどうしよう」と過去の辛い体験をリアルにいつも思いだしていると…？

その想像が事実として脳に伝達されてしまい、実際に振られてしまう現象が起きてしまいます。

そして、こう思うのです。

「やっぱり私は恋をしても振られてしまうんだ」

「恋愛なんて辛いことしかない」

その思い込みのままの恋愛を繰り返し、幸せな恋を一生掴むことができなくなってしまう。これって、怖くないですか？

頭脳派女子は、不幸系で話す傾向が多いような気がします。

恋愛だけに限らず、過ぎ去った過去を思い出す時は、できるだけ前向きに記憶を書き換えて思い出しましょう。私も辛い経験は山ほどありますが、それはすべて人生のネタになると思っていて、あの経験があったから今の私があると、過去の辛い経験に感謝をするようにしています。

想像と言葉が人生を創っているとしたら、目の前に起こった事実は、あなたの想像と言葉が現実化しただけ。「人前であがってしまう」と思い込んでいるから身体がカーッとなって、本当にあがってしまうのです。「失敗したらどうしよう」と思い込んでいるから、身体がガチガチになって、本当に失敗してしまうのです。

自分が想像した自分しか存在しない。これに気がつくかどうかで人生は大きく変わりますし、自分が考えている自分にしかなりようがないのです。

だったら、とことんプラスのイメージを持った方がいいですよね！　誰かの評価なんて関係なく自分が「幸せな恋愛をしている」と言葉にすれば、本当に幸せになっちゃうのですから。

私は恋愛に関しては、もともとポジティブな方で、こう思い込んできました。

「素敵な男性とばかり付き合っている」

「私を大切に愛してくれる男性とだけ出会う」

このような、前向きな思い込みが幸せな恋愛を引き寄せるのだと思います。

「普通の男性がいい」が一番難しい

「どんな男性がタイプ？」

この質問に、あなたはどのように答えていますか？

きっと、

「優しい人」

「器の大きい人」

「一緒にいて楽しい人」

そして……、

「普通の人がいい！」

と答えていませんか？

「別に高望みしてないし、普通の男性でいいのに…」と。

普通の人とは、顔も性格も仕事も全て平均をマークしている男性という意味だと思います。実は、その普通の男性を見つけるのが最も難しいのです。

普通の男性を求めている女性は、ファッションセンス、清潔さ、ルックス、身長、学歴、年収、コミュニケーション力といった全ての条件の平均点を満たす男性を探しています。きっと、歌手で俳優の星野源さんみたいな男性を想像しているのだと思います。実際、星野源さんはアラサー・アラフォー女性からの絶大な人気を博していますよね。でも、一見普通っぽい星野源さんは、実は超ハイスペックな希有な存在の男性です。

普通の男性がいいという理想の中での唯一の救いは、長く続く不景気と女性の社会進出で男女の年収格差がなくなってきたことで、以前よりも年収にこだわる女性が少なくなったことでしょうか。

「普通の男性でいい」の落とし穴

実は「普通の男性」を追い求める恋愛はとても難しいということに気づきましょう。または、自分にとっての普通の男性とは一体どんな男性なのか、もっとよく考えて、具体的なタイプを挙げることをしてみましょう。

私が運営した婚活イベントのカップル成立率はほとんど50％を超えます。参加者が自分に合いそうな恋人候補を作ることができるように運営しているからです。イケメンや可愛い子に好みが偏らないようにして、参加者それぞれの身の丈に合うマッチングをしているからこその数字です。

あなたは経験ありませんか？

自分よりもイケている男性に対して「私なんて」と恐縮してしまうこと。

そして、自分よりイケていない男性に対しては「私には釣り合わない」とジャッジして敬遠すること。

本能的に見た目や会話や雰囲気などで、自分の身の丈に合いそうな相手を選んでいるのです。

つまり、魅力がない男性しか寄ってこないのは、自分がその程度だということになります。そう、類は友を呼ぶのです。

自分の身の丈が成長しないと、素敵な男性が現れないということですね。「話が面白い男性と出会えない」と思ったら、自分が「話が面白い女性」になりましょう。

会話は男性に楽しませてもらうものという考えを捨てて、話題が豊富な女性になればいいのです。「お金持ちの男性と出会えない」と思ったら、自分が「お金持ちの女性」になりましょう。

実際にお金を稼ぐというよりも、出かける場所やファッションを変えるだけで、声をかけてくる男性のタイプが変わってくるはずです。大衆居酒屋にしか行かない女性が、セレブな男性と出会うのは難しいですよね。ちょっと奮発して、ホテルのラウンジに飲みに行くなどしてみましょう。

「本気で愛してくれる男性と出会えない」と思ったら、自分から本気で相手を愛してみましょう。高い理想の男性と出会うには、自分もその身の丈に合わせないと難しいことを知りましょう。

自分が出会いたい相手のステージへ自ら上がっていくことが大事です。

恋愛しないで結婚してもいい

マリー・アントワネットのあまりにも有名な言葉。

「パンがなければ お菓子を食べればいいじゃない」。

私は婚活中の頭脳派女子にこう言います。

「恋愛しないで結婚すればいいじゃない」と。


この解説の前にマリー・アントワネットについてのまめ知識を。

わがままな浪費生活によって貧困層の憎しみを一身に集め、フランス革命の「感情面での元凶」のように位置付けられているマリー・アントワネットは、のちのちの研究者によってさまざまな「擁護論」が展開されることとなりました。

まず一つに、かの有名な「パンがなければ お菓子を食べればいいじゃない」と発言したエピソードについて言えば、当時のフランスには「飢饉などによってパンが不足した時は、普段は高価なお菓子などをパンと同じ値段にまで下げなければならない」という法律があったことがあげられます。

マリー・アントワネットは、(この時代は) パンを作るためには上質な小麦粉を使い、お菓子を作る時には質の悪い小麦粉に卵や砂糖を混ぜて作っていたことや、実際に「パンはないけど、お菓子ならある」という状況が、たびたび起こっていることを知っていました。ただ、その時はまさに、たび重なる飢饉によって「パンもお菓子もない」状況だったのですが、マリー・アントワネットは「お菓子の値段を下げる法律」を発動させる目的でこの発言をしたのだ、という説が有力になっています。

また、彼女のギャンブル癖は子どもが生まれると同時に治っていることや、自分の子どもにはおもちゃを我慢させたり、浪費家どころか倹約家としての一面もあったようです。さらに、貧しい人々に対しては宮廷内で施しを行なうなど心優しいふるまいもありました。

つまり、マリー・アントワネットの「パンがなければお菓子を食べればいいじゃない」という言葉は「最も良い提案」だったわけです。

「恋愛しないで結婚すればいいじゃない」も「最も良い提案」としてオススメしています。恋愛しないで結婚するなんて、団塊の世代以前の日本では当たり前のこと。かつての日本人のほとんどが恋愛しないで結婚していた事実があるのです。

だから、今だって、恋愛に向いていない人がいて当然ですし、恋愛しないで結婚してOKなのですよ。そもそも、婚活ってそういうものです。結婚を目的とした男女が出会って結婚への道筋をつけることが婚活。今のアラサー、アラフォーの世界観があまりにも「恋愛して結婚しなくちゃ！」呪縛に囚われているので、婚活を恋愛っぽい経験をさせて結婚させるダンドリに作っているのです。

30代まで真剣な恋愛をしてこなかった頭脳派女子は、そもそも「恋愛が向いていない」人です。向いてないことを無理矢理する必要はないのです。

期待しないほうが良縁を引き寄せる

ついつい、誰かに期待してしまいませんか？

広い人脈がある人に期待して素敵な男性を紹介して欲しい！　と頼んだのに全く紹介してもらえないと…イライラしませんか？

「ああしてほしい」「こうしてほしい」という期待通りにならなくて、イライラしたり落ち込んだりしてしまうことは、誰しも経験があることだと思います。

私も、人に期待して、思った通りにならなくて落胆することが、もう、山ほどありました。そもそも、人に期待する方が間違いですよね。みんな、自分のことで精一杯なんだから。当たり前ですが、自分以外の人はみんな他人です。両親や子ども、配偶者などの身内も、自分以外の他人です。他人を支配することはできないし自分のために何かしてくれて当たり前、ではありません。


思考を少し変えてみましょう。

人には期待するのではなく、応援していただくだけでありがたい、と。

心の中で「がんばれ」と思ってくれるだけでも、本当にありがたいことです。

人に応援される自分であるかどうか？

私が思うに「応援される」人間力は、女性が世の中で活躍するには必要不可欠なスキルなんじゃないかと思います。

どうしたら、応援される人になれるか？

簡単です。自分も誰かを応援すればいいのです。

心の中で応援してもいいし、何か行動してあげてもいい。その姿は、きっと誰かが見ています。そういう姿を見て、紹介を頼まれた人が「彼女は輝いている女性だな」と思って素敵な男性を紹介してくれたりするのです。

だから、自分が期待する相手は自分自身です。

自分に対して大いに期待しましょうよ。自分への期待は、可能性を育てる種になります。これが、期待しないからこそ上手くいく法則です。

男性の「オタク趣味」を受け入れよう

男性は凝り性なので好きな趣味を極めようとします。

男性のオタク趣味をあなたはどれぐらい受け入れられますか？

女性が許せるオタク趣味ランキング

1位　映画オタク　62・5％
2位　マンガオタク　56・0％
3位　クルマオタク　47・0％
4位　アニメオタク　44・0％

5位　パソコン／ITオタク　43・0％
6位　ゲームオタク　40・0％
7位　鉄道オタク　35・5％
8位　飛行機オタク　34・5％
9位　バイクオタク　34・0％
10位　プラモデル／模型オタク　25・5％

女性の半数以上が受け入れられる趣味は、「映画」と「マンガ」という結果です。男性の趣味に対して女性の恋愛が関わってくると、女性はけっこう辛口のようですね。映画やマンガについて女性は寛容ですが、趣味がマニアックになればなるほど、理解できずにトラブルになる傾向があるようです。

いたずらに相手を傷つけてしまうようなことがないように、彼が「何が好きか」をしっかり見極めてお付き合いした方がいいですね。

オタクな彼と上手く付き合う方法としてオススメなのは、**毎日をいかに楽しく生きるかを考えてリア充に過ごすこと。**まったく別の生き方をしているように見えるけれど、実は相性がいいのです。彼氏彼女になって、恋愛以外に熱中するものがないと、無意識のうちに相手に依存してしまいますから。

でも、お互いに違う趣味や楽しみを持っていると、恋愛以外の時間も充実させることができますよね。彼が自宅で映画を見ている時に、自分は友だちとショッピングにでかけるとか。こうしてお互いが充実した日々を過ごせれば、適度な距離感で付き合えるベストな関係になるでしょう。

男性の収入が自分よりも低い場合

結婚できない頭脳派女子は、男性に年収を求めすぎている可能性があります。30代未婚女性の65・5％は男性に４００万円以上の年収を求めているという結果が出ています。このような結果は男性からしてみれば、本当に自分のことを愛して結婚をしてくれているのかと不安になってしまいますよね。

でも、30代の未婚女性が求める４００万円という年収は、30代大卒男性の中小企業以上に勤めている男性の場合、平均４５０万円なのでクリアしています。

30代の男性は仕事にもプライベートにも余裕があり、非常に魅力的な人が多いですから、20代の女性からアプローチをかけられている可能性があります。

アラサー、アラフォーのライバルは20代の若い女子！

これは、かなり努力しなければいけないことがわかると思います。

あまりにも年収にこだわりすぎてしまうと、男性にドン引きされてしまい、婚期を逃す結果になる可能性もあるので、収入に関してはある程度妥協することも大切だということを忘れないようにしましょう。

年収が高くても低くても、お金のことについて、しっかりした考えを持っているかどうか、が大切です。例えば、夫婦ふたりで暮らしても、家賃や水道光熱費などの生活に関わるお金が2倍かかるわけではありません。共働きの夫婦なら、たとえば夫が400万円＋妻が300万円で合計700万円の生活ができるなど、経済シュミレーションをしてみましょう。

もしかすると、収入があまり高くなくても〇Kかもしれないですよ。

頭脳派女子のダメンズ対策

多くの女性が「できればダメンズにハマりたくない！」と思っていることでしょうから、男性を見極める目を養っておきたいところですね。

ダメンズには具体的にどんな共通点があるのでしょうか。

- 約束を守らない
- ドタキャンが多い
- 浮気性
- 経済力がない
- 働かない
- ケチ
- 女性をバカにしている
- マザコンである
- 暴力をふるう

・見栄っ張り

頭脳派女子は、相手選びに慎重なので、ダメ要素がある男性を避ける傾向にあります。でも、仕事が大好きなキャリアウーマンは、ダメンズにはまりやすいかもしれません。

経済力や社会的地位があってバリバリと仕事をこなす「デキる女」にとって、「私がいないと何もできないんだから～」なダメンズは癒しの存在なのです。それはまるでペットを飼っているような感覚ですね。または、「彼は私がいないとダメなの」というダメな息子ほど可愛いと思うような母性のような感覚になってしまうこともあるでしょう。

実際、ダメンズにハマる頭脳派女子は、経済的にも性格的にも自立したしっかりした女性が多く、ダメンズを上手く自分の人生に活用するような強者も多いです。

ただし、ダメンズの中でも、あなたの人生を根底から狂わすＤＶ、ストーカー、ケチな男だけは選ばないようにしてくださいね。

頭脳派女子は要注意！　彼の「忙しい」本当の理由

男性が彼女に連絡をしなくなる言い訳で最も多いのが「忙しい」です。

「いくら忙しくても連絡ぐらいできるでしょう」と女性は不満に思ってしまいますよね。


実は「忙しい」という男性の言葉は8割がウソ。

言い訳が面倒だから「忙しい」と言うのです。

男性は、どのような時に「忙しい」とウソをつくのでしょう。


まずは、一人になりたい時。

男性は、疲れている時に「一人にしてくれ」と言いますよね。男性にとっての一人の時間は、全ての物事を遮断してストレス解消をしている大事な時間。そんな時に、彼女からの「かまってほしいＬＩＮＥ」がどんどん届くと「うるさいな」という気持ちになり「忙しい」とウソをついて連絡を遮断してしまうことがあります。

そして、彼女への気持ちが冷めてしまった時も「忙しい」とウソをつきます。

仕事が忙しいという理由なら、女性も責めることができませんよね。しかも男性は「忙しい」と女性を放置すれば、自分を嫌いになって別れられるかもと思っています。振ってほしいので、あえて彼女に嫌われる行動をとっているという事です。

気持ちが冷めている彼の忙しい態度としての伏線は、会ってもSEXしかしない、彼の都合の良い時間しか会ってくれない、適当に話を流される、デートに誘うのはいつも自分から、という状態。なので、彼の「忙しい」が本当かウソかを見極めるためには、まずは、黙って待ってあげる優しさをみせることをしてみましょう。

そうしても彼の「忙しい」がウソだったら、別れる決断を迫られてしまうことを覚悟しましょう。

3 DAYS

間違った
自分磨きをやめる

女性の頭では考えつかない？
男性にとっての「魅力的な女性像」

男性を引き寄せるのは表情美人

モテ系女子がモテるのは、男性が入り込める隙《すき》があるからです。

「隙がある女性」と聞いて、あなたはどんな女性を思い浮かべるでしょうか？

「だらしなさそう」

「男好きしてそう」

「遊ばれそう」

という感じでしょうか？

実は、頭脳派女子が考えている隙のある女性と、男性の好む隙のある女性は違います。

男性が女性に対して思う隙とは？

・話しかけやすい雰囲気がある

・一緒にいると癒やされる

・天然や失敗するところ

・素直で可愛らしい

・頼られていると感じた時
・目力が女らしい

つまり、人を受け入れる親しみやすさがあって、弱さや甘えも可愛らしく、守ってあげたくなる女性というイメージです。

そして、女らしい目力は色気を出すのに大事な要素。

大阪本町　糸屋の娘
姉は十六　妹は十四
諸国大名　弓矢で殺す
糸屋の娘は目で殺す

これは「起承転結」を表す句です。

「起」は導入部分で、「大阪本町、糸屋の娘」。これを受けて、「姉は十六、妹は十四」が「承」。次に、「転」で「諸国大名、弓矢で殺す」。最後に「結」で「糸屋の娘は目で殺す」。「諸国大名、弓矢で殺す」の「転」から「糸屋の娘は目で殺す」の「結」の使い方がすごくインパクトが強くて見事な句ですよね。

「起承転結」を教える句ですが、私は、目だけで殿方を虜にしちゃう糸屋の娘の魅力が気になります。私も「糸屋の娘」のように、遠隔からでも目だけで瞬殺する人になりたいですね。

男性は女性をパッと見た時、1、顔　2、肌　3、スタイルこの順番で品定めをしています。この時、実は、男性が注目する女性の顔が美しいかどうかの判断基準はパーツ美よりも表情美です。

女性の顔の魅力は「目力」と「笑顔」。男を目で殺しましょう。目の表情が豊かで、艶やかな笑顔で自分の魅力を発揮できたらどんな男性もイチコロです。男性から愛される女性らしい隙を身に付けましょう。

清楚なのにセクシーな女が一番モテる

男性のファンタジーのような定説を知っていますか？

「清楚系の女ほど実はセクシー」

例えば男性が「あの子、おとなしい顔してセクシーなんだぜ」なんて言っていた場合、その男性が実際にセックスした際の感想からセクシーと認定しているのです。
女性が清楚なのにセクシーになるキッカケは、初めての相手と交際期間が長い場合です。最初にセックスした男性からいろいろなことを教わって、交際期間が長くなれば長くなるほど、深化していくものです。そして、最初の彼氏と別れて次の男性とセックスしたときに、そういう評価になるようです。

「セクシー」「色気」「エロい」というと卑猥《ひわい》なイメージを持つかもしれませんが、美しい色気を持っている女性は美人に見えますし、同性にも好かれる魅力があります。

頭脳派女子こそが、清楚なのにセクシーな路線が似合います。

気をつけなくてはならないのは、安っぽい色気にならないようにすること。
男性に媚びるのではなく優しさを与える。隙ばかりではなく、適度な崩しがあるようにするのです。これはモテ系女子が得意な分野ですが、頭脳派女子もしっかり学んで身につけておいた方がいいテクニックです。

小悪魔のやりすぎはキケン

例えば、夜遊びばかりしているような、生活習慣が乱れている女性は、男性から結婚相手として選ばれにくくなります。婚活中の男性はきちんとした生活ができていない女性とは、安心して愛を育めないと本能で知っているのです。

本命になる女性は、きちんと規則正しい生活をしているもので、飲み会は二次会までしか参加しませんし、終電で家に帰ろうとします。

このように男性は、実はかなり鋭く女性を観察して、結婚に向くか向かないかをきちんと見極めているのですよ。

さて、男性と交際する上で不安なことのアンケート結果です。

1．女性としての魅力がないのではないか
2．男性との出会いの場所がわからない
3．自分が恋愛感情を抱けるか不安だ
4．どのように声をかけてよいかわからない

5. 恋愛交際の進め方がわからない

私は、特に1の回答が、気になって仕方ないですね。

女性として生まれて、ここで悩み苦しむなんて、本当にもったいないと思います。

女性という生き物という時点で男性から興味をもたれる対象だと自信を持ってほしいです。


頭脳派女子は、自分自身で女性としての魅力を封じ込めている傾向にあります。

生まれ持った「女姓」という肉体が宝物。メイク、アンチエイジング、ダイエットは、女性としての魅力をより良くプレゼンするためのツールです。

ではそのツールで磨けば、すべての男性にモテるのか？

いいえ、決してそうではありません。

ガツガツと美容に傾倒しすぎると、毒々しい感じになってしまいます。

でも、何ひとつ美容をやらないのも、問題が大ありです。

女性である自分（素材）を活かして、自分が納得できる心地よい外見と内面を追求してみましょう。

あなたが一番素敵に見えるメイクは？

あなたが一番素敵に見えるファッションは？

あなたが一番素敵に見えるボディバランスは？

一度、しっかり自分の「女性性の魅力開発」に取り組んでみましょう。

モテる身体のヒントはヒップにある

男性が好きなカラダは？

・**脚**（太すぎず細すぎず、でも足首は細く）
・**胸**（大きすぎず小さすぎず、いわゆる美乳）
・**腰**（ウエストからお尻のラインがキレイだと惚れる）
・**お尻**（大きくても小さくてもいいから垂れてない）

見た目の女性らしい「ひょうたんボディ」は、男性の目に魅力的に映ります。

日本人女性の平均スリーサイズの例です。

・**身長**：158cm
・**バスト**：84cm
・**ウエスト**：63cm
・**ヒップ**：86cm
・**体重**：50kg

このあたりのサイズが主流となっています。

しかし、スリーサイズが平均以上でもウエストに「くびれ」ができていれば細く見えるものです。

黄金比率って知っていますか？
別名、モテるくびれ比率。男性が万国共通で好む女性の体型です。

ウエスト÷ヒップ＝0・7

この割り算の数値が大きくなるほど、くびれ度は減り、数値が小さくなるほど、くびれ度が増します。

ヒップが90㎝の人の黄金比率は63㎝（90×0・7＝63）です。

やはり、メリハリボディがモテボディなのです！

自分の魅力を客観視して磨こう

私もかつてそうだったのですが、容姿コンプレックスがある女性は、婚活はもちろん、何をするにも自信が持てず、自分のことが好きではないものです。

医学、理学、農学博士の故・佐藤富雄先生の教えにも「女性の自信の源は容姿」とあるぐらい「容姿への自信」は大事な要素。つまり、キレイになる努力をして美しくなって、自分に自信を持ちながら婚活すると、すぐに結婚できるのです。

私は、婚活の仕事を通して、さまざまな立場の男性からリサーチをした結果、女性の顔に「ブス」という概念はないということに行き着きました。

「ブス」と呼ばれやすいのは、「著しい欠点がある」か「地味」かです。


顔立ちに「著しい欠点がある」か「地味」か。

体型に「著しい欠点がある」か「地味」か。

性格に「著しい欠点がある」か「地味」か。


つまり、著しい欠点と地味さをどうにかすれば、女性はみんな、自分らしい美しさを手に入れられるはずなのです。


顔には「メイク」や「整形」があります。

体型には「ダイエット」があります。

性格には「内面磨き」があります。

要は、美しくなる努力しましょう、ということ。

そして、正しい努力は裏切らない、ということです。

努力って、【女が又に力を入れる力】と書きます。実際、男性よりも女性のほうが努力家が多いし、努力が向いている気質を持っています。

特に頭脳派女子は努力が得意でしょう?

努力すれば誰でも輝けるのが女性。磨かないなんてもったいないです。特にアラサー、アラフォーは、生き方がそのまま顔に映し出されます。女性は努力をすれば必ず美しくなる！　自分らしい美しい顔は自分で作れるのです。

見た目の美しさはとても重要

キレイの努力をするなら正しい順番があります。

1.顔　2.肌　3.スタイル。

男性目線を意識してキレイを目指すなら、この順番を守ることが大事。

まずは、顔です。

なにがなんでも、顔からスタートしましょう。

男性に「かわいい！」「キレイだ！」と思わせるような顔になることを目指しましょう。男性が女性を見たとき一番最初に目線を運ぶのは顔です。顔が好みだったら、この時点で一目惚れをします。それぐらい、味方にしたら最強ツールになるのが「顔」なのです。

顔をキレイにする手段は4つあります。

・メイク

あなたは、メイクの技術に自信がありますか？

20代のメイクの仕方にしがみついていませんか？

メイクって実は難しいのに、自己流でやっている人がほとんどです。そのせいで、残念な顔になっている女性は多いもの。一度は、プロにメイク方法を聞いてみた方がいいですよ。自分の顔に合うメイクをすることによって、どんどん輝いていく女性をたくさん見てきました。特に、眉の印象はメイクで大きく変わるものです。

・ヘア（髪形）

髪形は顔の「額縁」です。顔の印象をガラリと変えます。男性はロングでもショートでも、本人に似合っていれば「かわいい」と思うものです。信頼できる美容師さんに相談して、モテヘアに変身させてもらいましょう。

・歯並び

笑顔は女性の魅力を一番輝かせます！　目や鼻の整形をするよりも、歯列矯正や歯のクリーニングをオススメします。私の娘も歯並びが悪かったのですが、幼稚園から歯列矯正をして治してキレイにしたら、とても可愛くなりました。

・ダイエット

あまり痩せすぎはオススメしませんが、ポッチャリさんの場合は、痩せることによって小顔になるので、印象は変わります。

男性を引きつけるファッションとは？

自分の個性を引き立たせ、魅力的に見せる服が最も似合う服です。

そして、男性が好む素材や色使いを意識して選びましょう。

首、手首、足首、くびれ、など、「くび」と呼ばれる部分を露出すると女性らしい華奢な感じを演出できますよ。

女子のカワイイ！　と男性のカワイイ！　は似て非なるものです。
女子が自分をモテ可愛くしようとすると
「ふわゆる系」
「フェミニン系」を目指そうとします。
でもね、ちょっとずれているんですよ。
実は、男性が好きなカワイイはフェミニンではありません。

「透明感＝清潔感」これが男性目線での「カワイイ」なのです。

基本的に透明感とは「肌が白く透明なこと」。男性がスッピン好きなのはこれが理由です。肌以外では「髪」も透明感として重要で、できれば黒髪がいいですね。黒髪は肌の白さを際立たせるのでいっそう透明感が強調されます。「透明感＝清潔感」ですから、バサバサ髪はＮＧ！　しっとり艶のある髪を保ちましょう。

ファッションの色は、原則くすんだ色合いは、どうしても清潔感が消えるので、婚活で出会う男性の前では避けましょう。清潔感を演出するには「白」がマスト！白シャツ、白ワンピ、白コート。アクセサリー類もゴテゴテつけず、できるだけシンプルにまとめたほうが透明感を演出できます。

基本的にコンサバスタイルが男性の好みです。男性の頭の中には「保守的＝清純」というイメージがあるので、婚活中の女子は特にコンサバであることをオススメします。

そして、たまに身体のラインが見えるピタッとしたスキニージーンズをデートで履いたりして、男性をドキドキさせましょう。

4 DAYS

「トキメキ重視」を考え直す

考えている時間があったら、
「男性といる時間」を増やすこと！

男性との「計画された偶然」を引き寄せよう

周りに素敵な男性がいない。

出会いがない。


そんなことありません。

偶然の出会いを引き寄せることは可能です。

スタンフォード大学教授が「偶然を運命に変える方法」を理論的に解明しています。クランボルツ教授らは、富と名声を手に入れた成功者たち数百人を対象に、成功の秘訣を徹底的に分析しました。

すると、成功者のうち約8割の人は、今の自分の成功は「予期せぬ偶然によるもの」によってもたらされたと答えたのです。「目標に向かって頑張った結果だ」とか、「もともと自分には能力と実力があった」などの回答が出揃うだろうと予測されていた中で意外な結果となったのです。この結果をもとに成功の法則を導いた理論を「プランド・ハップンスタンス（planned happenstance）理論」と呼びます。

日本語に訳すと**「計画された偶然」**となります。この理論は次の3つから成り立っています。

❶人生の成功は、予期しない偶然によってその8割が形成される。
❷ただ偶然を待つのではなく、自分にとって良い偶然が起きやすくなるように行動したり、偶然が起きそうな気配を敏感にキャッチすることでラッキーと思えるチャンスを増やすことができる。
❸その偶然を引き起こすために積極的に努力して偶然を活用して成功へつなげていく。

そして、偶然を「計画された偶然」として運命に変える人と、ただの偶然で終わる人の違いは、その人の資質にあるとクランボルツ教授は言っています。

・**好奇心**：なんでもとりあえず興味を持ってやってみる
・**持続性**：ちょっとくらい失敗してもめげずにチャレンジを続ける

・**楽観性**：何事も「必ずうまくいく」「出来る」とポジティブに考える
・**柔軟性**：自分の考えに凝り固まらずに、その時その場で対応を変える
・**危険性**：多少のリスクは承知でやってみる

つまり、常に心持ちをポジティブに保っていることで「計画された偶然」になっていくのですね。

この理論はビジネスキャリアの作り方として大変な反響を呼びましたが、恋愛や婚活にも活用することができます。運命の人に出会って人生に勝利したい頭脳派女子は、「プランド・ハップンスタンス理論」を身につけてください。

「年収600万円以上の人がいい」
「年下のイケメンがいい」
「大卒の人がいい」
など、たしかに理想はあると思いますが、理想に凝り固まってしまうと偶然のチャンスを掴み損ねるようです。

まずは、理想を脇に置いておいて行動をしましょう。

どんなメンバーの合コンであっても顔を出す。あまり興味のないことでも、とりあえずやってみる。それを楽しくトライしてください。そうすることで、さまざまな男性と交流する機会が増えますよね。

そして、タイプじゃない相手でも、一度はデートしてみてください。

こうして起こった偶然を受け入れる態勢を作っておくことで、思わぬ運命の出会いを引き寄せるのです。

実際、私の婚活イベントを経て結婚した多くの女性たちは「最初はタイプじゃなかったんですけど」とお話してくれますよ。

つまり婚活は「危険性：多少のリスクは承知でやってみる」で動くことで、「偶然」を「運命」に変えるチャンスをたくさん手にすることができるのです。

モテない男性は宝の山

モテない男性とデートするイメージとは、どんなものでしょうか？？

・無表情
・会話が続かない
・男性の自慢話
・マニアックな趣味の話
・無反応
・空気が読めない
・エスコートなし
・男性の服装がダサイ
・飲食店がデート向きでない
・食べ方のマナーを知らない

つまり、男性主体のデートは、女性にとってつまらないデートになりやすいみたいですね。

でも、これは、単純に経験値が低くて「知らないからできない」ということの場合が多いものです。男性の性格や本質がダメなら我慢する必要はありませんが、単に経験不足である場合は、あなたが彼にデートスキルを教えればいいのです。

その場合、決して上から目線ではなく、笑顔で「こうしてくれたら、うれしいな」「こうだったら、楽しいな」と要望を伝えることがコツです。

実は、モテない男性は、教育次第で素敵な彼氏に変化します。これまで経験が少ないゆえに、「○○に行きたい」と言えば素直に、あなたの行きたいところに連れていってくれます。いろんな経験を一緒にやっていくことで、どんどん距離が近くなっていく可能性があります。

そして、適齢期のモテない男性は、「これを逃したら次はない」と思っているのか、付き合ってわりとすぐに結婚をほのめかします。女性もアラサー以上になると、「次に付き合った人と結婚したい」という声が多くなりますからモテない男性は、すぐ結婚したいと思っている頭脳派女子には超オススメの物件なのです。

モテる男性は、たくさんの女性と付き合ってきていることが多いですよね？　そういう男性だと自分と元カノと比較されて自信を失うこともあり得ますが、モテない男性は比較対象がいなかったりしますので気が楽です。そして、浮気しない確率も高いと思われます。モテない男性は、これまでモテなかったからこそ、自分を愛してくれる女性に一途なタイプと、現実の女性にあまり興味がないタイプに分かれます。

しかし、いずれにせよ、浮気の心配がないのはお付き合いする上で重要な要素でしょう。頭脳派女子なら、戦略的にモテない男性も彼氏候補に入れてみることができると思いますよ。

男が恋に落ちる瞬間を見逃さない

男性は目で恋をするとすでに書きましたが、しかしながら、男性の女性の見た目の好みは、意外とバラバラです。可愛い系の女性を好きな男性もいれば、美人系の女性を好む男性もいます。ショートヘアの女性を好む男性もいれば、ロングヘアの女性を好む男性もいます。

男性の好みにハマりやすいかハマらないかで、女性のモテが変わるので、私は婚活の女性には平均的にモテる外見作りをオススメしています。

もちろん、性格の好みも、明るい性格の女性を好きな男性もいれば、落ち着いた雰囲気の性格の女性を好きな男性もいることでしょう。

つまり、「見た目」と「性格」の両方が、自分の好みに合致する女性と出会ったら、男性は恋に落ちる可能性が高いのです。

そして、男性が彼女が欲しいと恋に前向きになっている時期と、そうでない時期での出会いにも影響があると思います。特に仕事が忙しくて仕事に意識が向かっている時期は、恋に対して鈍感です。その時は、見た目と性格が好みの女性に出会っても、恋に落ちない場合もあるのかもしれません。なので、恋に落ちやすい時期にタイミングよく出会うと、男性は恋に落ちる確率が高まるということですね。

・見た目の好み
・性格の好み
・タイミング

この3つの要素が上手くかみ合った時に、男性は恋に落ちるということです。

ということは、「いいな」と思った男性がいたら、彼の好みの見た目と性格をリサーチして寄せていくことが大事であり、さらに、仕事やプライベートで忙殺されてない時期を見計らって接触することが成功のカギになります。

「好き」オーラを出しすぎないのが成功のコツ

最近、女性から告白しましょう！　と勧める恋愛指南が多くなっていますが、私は反対です。

男性は狩猟体質なので、女性が狩猟モードになることを基本的に歓迎しません。実際、女性から好きな男性に対して積極的に行動しすぎて上手くいかなくなり、後悔したことのある方もいるのではないでしょうか。

女性からのストレートなアプローチは、男性を引かせてしまうこともあるようですから気をつけましょう。

・メールするのはいつも「自分から」

男性が「オレのこと好きなんだな」と調子に乗ります。そして、毎日のメールやＬＩＮＥの返事が面倒くさいとか、返事の催促メールに引いてしまうようです。

・「○○に連れていって！」のおねだり

付き合ってもいないのに彼女気取りでいることへの嫌悪感と、ワガママな女性だと思われがちなのが「連れていって」の落とし穴です。

・「会いたい」と言い過ぎ

仕事が忙しい時に言われると迷惑という意見が多いですし、悪い男性に引っかかると男性が会いたい時だけに呼び出される「都合のいい女」になる要素があります。

つまり、まだそれほど仲よくなっていないのに、女性から距離を詰め寄りすぎることが男性が引く理由です。

狩猟体質の男性は、追いかけられるよりも追いかけた方が、その女性に夢中になってしまうものです。彼との距離を縮めながらも上手に追いかけさせることができれば、男性があなたにどんどんハマっていきます。

男性が追いかけたくなるのは、適度に好意があるように見せてくれるのに、それ以上はあまりアプローチを仕掛けてこない女性です。彼が「どういうつもりなんだろう？」と、気になり始めた頃に、少しずつ好きオーラを出していきましょう。

男性は基本的に、追われると逃げたくなる体質を持っていることを忘れずに、積極的にアプローチしすぎないようにしましょう。

男にとってのイイ女は口が堅い女

少し前の「口が堅い」は、リアルの場で誰かに情報を喋らない人を指していました。もちろんそれもありますが、今は、バーチャルのSNSでの拡散についても「口が堅い」かどうかが見られています。

SNSで彼のことをつぶやく女性は多いですよね。

気をつけないと別れの引き金になってしまうかもしれません。

SNSに書きがちな「彼とケンカしちゃった…」

「浮気してるみたい！」

「また既読スルーされた」など。

これを彼本人が見たらどう感じると思いますか？

きっと「うわ、勘弁してくれよ…」と思うでしょう。

または、彼の友人が彼女が書いたつぶやきを見たら「お前の彼女、ツイッターにお前のこと書いてたぞ」などと、からかわれることも考えられますね。そして、赤の他人が見たとしても、女性だったら「この女の人、ダメンズと付き合ってるんじゃない？」と思うし、男性は「こういうことを書く女はイヤだな」と思うでしょう。

つまり、このような彼についての愚痴を、誰が見ているか分からないネット上で配信するということは、何のメリットもないのです。

書いた方も、書かれた方も価値が下がるだけの行為だと知りましょう。


そして、リアルな場でも、ふたりの関係性をなんでも話す女性は、彼にとってマイナスだと思われます。

「誰にも言わないでね」と彼の内緒の情報を誰かに漏らしてしまって、それが回り回って、友人から彼の耳に入ってしまうことはあり得ますよね。

「えっ？　なんでそれ知ってるの？」

こうなってしまうと、彼の彼女への信頼が揺らいでいきます。

「彼女は、どこまで話してるんだろう。もしかして、あのことも…？」

こうなってしまうと、彼女への信頼が危うくなります。

「これぐらいなら言っても大丈夫」というのは彼女の価値観であり、相手からすれば、いくら仲の良い友達相手でも言ってほしくないことがたくさんあるのです。


女性は感情に支配されやすいので「私の気持ちを分かってほしい」とＳＮＳや友達に話したくなることがあるでしょうが、そこをグッと我慢して止めておきましょう。そして、趣味などで気分転換して気持ちを整理したり、どうしても言いたいことがあったら、彼に直接話したりすることを選択しましょう。

愛＝束縛は別れの元

好きな人は私だけのものでいてほしい。誰しも思うことかもしれません、しかし束縛が過剰すぎてしまうと、最悪、別れにもつながってしまうので注意しましょう。

・自分が一番でいたい

大好きな彼にとって常に自分は一番でありたいと願ってしまうことは自然な感情ですが、相手の都合を考えず、自分の気持ちばかりを押し付けてしまうと束縛になります。相手を思うままにしたいと思い始めたら危険信号です。

・傷つきたくない

好きな人の気持ちを失うのが恐い、傷つきたくない、という心理ですね。過去に好きな人に突然フラれたり、彼に浮気された経験があると、その不安から束縛してしまうようです。

・友達がいない

友達がいない、趣味がないなど、恋人以外との時間を充実させることができない人は、つい恋人への依存度が激しくなってしまいがちです。彼が男友だちと出かけたり、趣味を楽しんでいると、さみしさから束縛してしまう傾向にあります。

本当の愛は束縛ではなく、「解放」です。

恋人同士が、相手が浮気しないようにとお互いが束縛し合うという話はよくあります。相手のことが好きで、誰にも取られたくない気持ちから、お互いに束縛をし合ってしまうのですね。

でも、それは本当の愛ではありません。

相手を自分のものにしたいがための誰にも取られたくないという執着の心です。彼が本当に好きなら束縛はやめましょう。束縛ではなく、解き放つことが、本当の愛の表現だと私は思います。

早く結婚相手を見つけたいなら

結婚する！　と婚活を始めたら、いろんな男性と出会うことになります。

コツは期限を決めてたくさんの男性と会いまくること！

1人の男性に絞って婚約するまでは、たくさんの男性と会ってデートするのは普通。デート相手が複数になることは仕方がないことです。

しかし、頭脳派女子はこの複数デートが苦手なようで、気に入った人がいるのに他の人とデートするなんて無理と感じる人が多いですね。

気に入った人がいてデートしていると、「この人と結婚したい」、「運命の出会いかもしれない」と、まだ結婚の話も出ていないのに、一人の人に絞ってしまう人がいますが、もし、相手から交際のお断りをされたら？　ショックの大きさはもちろんですが、また一から出会いの活動を始めなければならないのが大変です。

これが、婚活で相手を一人に絞ることのリスクです。婚活は、数人キープをして同時進行をする方が心の安定を図ることができるのです。

そして、一年後に結婚する！　と期限を決めた方が積極的になれます。

例えば、合コンに行ったとしても、「飲んで騒いで、お持ち帰りできたらラッキー」というような男性もいるかもしれませんよね。それを避けるためには「私は本気で結婚相手を探している」ことを幹事に伝えて、男性の選別をすることをしましょう。結婚する気のない男性とダラダラと会っていても、結婚には繋がりませんから。

だから、誰かに紹介を頼むとき、「どういう人が好み？」と聞かれたら、「本気で結婚したい人」と答えましょう。相手に結婚する気持ちがあるかどうかが一番大事なのです。結婚したいと思っている男性と会いましょう。会ってから好みかどうかを判定すればいいのです。

究極のところ、婚活とは、お付き合いしていたとしても、結婚の約束（婚約）をしていないのなら、他の男性と会ってもいいのです。

婚約するのなら、「結婚を前提にお付き合いしましょう」という口約束だけはなく、両親への挨拶などのアクションもあることが大事。具体的な行動がなく、口約束だけでは本当に婚約したとはいえません。

本当に結婚する気がある男性なら、自分から行動を起こすはずです。

先の章で「恋愛しないで結婚しよう」としているのは、結婚したい！　と強く願っている頭脳派女子に向いている考えですし、期限を決めて男性と会いまくるのは、早く結婚相手をみつける最も良い方法なのです。

恋愛中の女友だちとの付き合い方

私は「恋愛中は、女友だちとあまり会わない方がいいよ」とアドバイスをすることがあります。これは、女友だちと疎遠になれという意味ではありません。

女友だちと会うとついつい恋バナに花が咲くことが多いですよね。

そして、ついつい恋愛相談をしてしまいますよね。

これがマズいのです。

女友だちがよかれと思って話してくれるアドバイスが、必ずしも正解ではないですから。それに右往左往しないようにしてくださいという意味です。

そこだけ気をつければ、逆に、彼オンリーで女友だちと疎遠になることで、気まずくなることはないでしょう。

彼が大好き！　な状態の女性は、何はさておき本能的に彼を優先しがちになります。また、女友だちとの約束が彼との予定とバッティングした時に彼を優先したことがある女性は多いと思います。

彼ができても、女友だちともうまく付き合っている女性は、スケジュールは先に入った方を優先させて、彼も女友だちも平等に扱っています。女友だちに対して、あなたのことを大切に思っていると言葉や行動で示すことが、疎遠にならないためのポイントです。

長く付き合える女友だちがいるということは、人との繋がりを大切にして、平等で良好な人間関係が築ける素敵な女性の証でもあります。恋愛中も彼以外の人間関係を大事にして人生を充実させていきましょう。

男から大事にされる「女らしさ」とは

恋愛がうまくいかない頭脳派女子の一番の欠点は「女らしさ」が欠けていること。あなたは、フリルの服を着たオジサンになっていませんか？

女性らしく振舞うことが恥ずかしくて、「私って男っぽいから」と、あえてガサツな振る舞いをする頭脳派女子は多いはず。

今は仕事や職場で男女平等を推進しています。それゆえ、男性と女性の性差の区別がなくなってきているのかもしれませんが、恋愛面では男女差があった方がお付き合いは円滑になります。

女性として魅力的になるためには、「女らしい」特徴を持っていること。女らしさがあれば、アラサーやアラフォーになっても恋愛できます。

男性は第一印象の顔やスタイルなどの見た目で、かわいい、美人だと思っても、性的に魅力を感じるかどうかは別です。いくらかわいくても美人でも、仕草さや態度や行動が男っぽかったり、サバサバしすぎていたり、言葉遣いが乱暴だと男性に敬遠されてしまいます。

逆にファニーフェイスでも、女らしい動きや言葉遣いをする女性は男性から好意を寄せられやすくなります。

ついうっかり、足を広げて座っていたり、大口を開けて手をたたきながら「ギャハハ！」と笑っていませんか？　男性は思っている以上に単純です。女性がニコニコした笑顔で女性らしく接してくれるだけでうれしいのです。笑い方は「ギャハハ！」ではなく、「ウフフ」の方が好印象なのは理解できますよね？

男性が理想とする「女らしい性格」を紹介します。

・甘いものが好き
・恋愛は一途
・悪口、愚痴などネガティブな話題をしない
・喜怒哀楽の感情表現が豊かでわかりやすい
・自分から挨拶したり話しかける優しさがある
・のんびりしている癒やし系
・謙虚で素直、控えめな態度
・気配り上手で気が利く
・素直に甘えたり男性を頼る
・男を立てて褒めてくれる
・寛容で全てを受け入れてくれる

女性は「甘いものが好き」などわかりやすい思い込みですね。男性が女性に求める「女らしさ」は、優しさや器の大きさのようです。

頭脳派女子の皆さん、できることから取り入れてみませんか？

頭脳派女子は要注意！「彼のために尽くす」がNG行動に!!

日本は「内助の功」という言葉もあるくらいですから、尽くすことを健気で素晴らしい女性の姿として捉えられることも少なくありません。

しかし、尽くされている男性の方は？

残念ながら多くの男性は「やってくれるなら楽でいいや」と考えがちです。

元々、男性性と女性性のバランスとしての考え方は、男性は愛を与える立場であり、女性が愛を受け取る立場としています。

なので、男性を喜ばせることに熱心な女性が尽くしすぎると、男性の愛情が冷めていく状態になります。

逆に、男性の方が女性を喜ばせようとする場合においては、良好な関係であるケースが多いものです。

つまり、女性が男性に「尽くしすぎる」関係になると、男性性と女性性のバランスが崩れてしまうのです。男性は女性にあれこれ尽くされると、思春期の頃に母親からアレコレと干渉されたウザさと似た気持ちになってくるようです。

彼のために手料理や掃除、洗濯までしてしまう女性。これでは彼女というよりもお母さんですよね。

・頼めばやってくれるのが「あたり前」
・いつも、そばに居てくれるのが「あたり前」
・何でもしてくれるのが「あたり前」
・好きでいてくれることが「あたり前」

彼に尽くすことがあたり前すぎて感謝の気持ちがなくなってくると、彼は新しい刺激を求めるようになって浮気をしたり、彼女に関心を持つことがなくなって、結果的に恋愛が続かなくなる可能性があるのです。

彼に尽くす恋より、彼に尽くされる恋を目指しましょう。

5 DAYS

女子力不要のコミュニケーション術を身に付ける

男性をその気にさせる、
デート中のさりげないひと言とは

3回目のデートまでが勝負

私が婚活イベントの事前セミナーでお話しするのが「スリーセット理論」。

人の印象は、出会ってから3回会う間に決まるとされている理論です。

・**初対面（イベント当日）**

外見から人柄をイメージし、次に表情やしぐさ、話の内容などから相手の第一印象を決める。ここで悪い印象を与えてしまうと次に会うことが難しくなってしまう。

・**2回目（最初のデート）**

第一印象の確認のために会う。自分が思った通りの印象なのか、意外な面があるのかを確認する。

・**3回目（2回目のデート）**

価値観が近いかどうかを確認する。「実は…」な深い話をしたりして、自分に合う相手かどうかをある程度は確定できる。

こうして3回会ったら、相手との今後の進展を決めましょう。

恋人としてお付き合いするか、友達として続けるか、もう会わないか。

もし、友達としてスタートしても、何度も会うことで相手への警戒心が薄れていき、好意を持ちやすくなる単純接触効果も期待できます。同じ職場恋愛や学生のクラスメイトの異性を好きになるのも、この単純接触効果が関係しています。

告白までに費やした時間についての調査によると、出会ってから3か月以内に告白をして成功したのが約41％、4～12ヶ月以内だと約11％、13ヶ月以上になると約35％の成功率というものでした。このデータから考えると、出会ってから3か月以内に告白するのが恋愛に発展する確率が高いようです。

長い時間をかけて何度も顔を合わせていると、たしかにお互いに好意を持ちやすくなりますが、告白するタイミングを逃しがち。やはり、スリーセット理論の出会って3回目ぐらいに恋人になるかどうかを決めるほうがいいかもしれません。

彼の気持ちをグッと引きつける会話術

会話を盛り上げる恋愛テクニックは「聞き上手」。

人は気持ちよく自分のことを話せると、会話が盛り上がったように思い、気分がよくなるものですよね。

そのきっかけとなるのがYes・Noで答えられない「開いた質問」になります。例えば相手の趣味が旅行だとしたら「どんな場所に行くの?」「どんな人と行く予定なの?」などのように質問をすることで会話が続きます。

そして、彼の話に「あいづち」を打つ。

あいづちを打つポイントは、相手の動きに変化があったときです。あいづちの回数を増やせば良いというものではなく、話の区切りはもちろん、顔を向けたり、体を傾けたり、視線を向けたりした時に、上手くあいづちを打つのがコツになります。

そして、彼が話した内容を仮に知っていたとしても「知らないふり」をするのも効果的です。頭脳派女子なら、戦略的にあいづちを打ったり、知らないふりができると思いますよ。

そして、相手に自分を魅力的に見せるテクニックのひとつとして「お笑い」があります。女性のお笑い芸人も増えてきましたよね。しかしながら、女性の「お笑い」は必ずしも魅力になるとは限りません。

お笑いには「自虐的」と「知性的」の2つがあります。

自虐的なお笑いは、自分のダメなところや失敗を誇張して話すことで、相手に「自分より下」だと思わせて笑いをとります。

知性的なお笑いは、機転を利かせ、気の利いた言葉などをかけることで笑いをとります。男性は、自分より下に見えすぎてしまう女性には恋愛対象として見ない傾向にあり、逆に自分より知性が高く見える女性は敬遠しがちなる傾向があります。

つまり男性は、女性には自分よりも面白くあってほしくないのです。

男性が求めているのは「お笑いができる面白い女性」ではなく、「自分のお笑いを分かってくれて、笑ってくれる女性」なのです。

会話を盛り上げる女性の恋愛テクニックとしては、「男性を笑わせる」ことよりも「自分が笑う」ことの方がいいということですね。

男性に悩み相談をして距離を一気に縮めよう

女性は男性に悩みを打ち明けて自己開示することで、相手との距離を縮めることをよくします。悩みごとを相談することによって「あなたを信頼している」というメッセージを伝えることができますからね。特に男性は、活躍したい願望があるので、女性に相談されて頼られるとうれしく感じて、自分にそれだけの価値があると思うことができるようです。

でも、基本的に男性は、女性が望むような答え方をしません。男性は話を聞くというよりもコンサルタントのように「解決策を提示する」ことを目指すからです。

それに対して女性は、カウンセラーのような聴き方を望んでいて「ただ話を聞いてほしかっただけなのに…」となるのです。

なので、男性と距離を縮める目的で相談するなら、本当に悩んでいる事柄ではなく、実はそんなに悩んでいない軽い悩みがいいでしょう。

男性に悩みを相談することの一番の目的は、ふたりだけの秘密を作ることです。

他の人との繋がりを閉ざした、ふたりだけの世界を作ることで、一気に距離が縮まります。ぜひ、「仕事のことで相談があるんだけど…」と、気になる男性に相談を持ちかけてみてください。

ワリカン女はモテない女

頭脳派女子の特徴かもしれませんが、初回のデートから自らワリカンを提案しています。

理由は、

「奢ってもらうのが苦手」
「男女平等主義」
「男性に借りを作ったみたいでイヤ」
「彼女じゃないのに図々しい」、などなど。

しかし、恋愛は男女がそれぞれの性の役割をするからこその関係が成立する世界です。平等やマナーにこだわって、男性が気持ちよく払おうとしているのに、わざわざワリカンにすることは避けた方がいいでしょう。

デートで奢られ上手な女性とは、相手の好意を素直に受けられる女性です。素直に喜んで奢られると男性から愛されやすくなります。男性がご馳走すると言ったら「出してもらうのなんて悪いよ」とか「半分出すよ」などワリカンを申し出ないで、

「わぁ！　ありがとう！　うれしい！」と好意を素直に受けとりましょう。

頭脳派女子が奢られ下手なのは、女性としての自信のなさもあるかもしれません。デート中に小さな気遣いをして女性らしさを演出しましょう。

- **お店に対しての感謝やご馳走様などの言葉を忘れない**
- **食べ終わったお皿は通路の方へ寄せ、片付けやすくする**
- **スマホはできるだけ見ない**
- **笑顔で会話を楽しむ**

このような基本的な気遣いができる女性ならば、さらに「奢りたい」と考える確率も上がります。頭脳派女子のあなたも「私は奢られるにふさわしい女」と自信を持っていいのです。せめて初回のデートぐらいは男性に支払いを任せてみましょう。

彼とお店の人に「ご馳走様でした」「美味しかったです」と伝え、「また一緒にご飯しようね」と伝えてください。男性に気持ちよく奢られるようになったら、女性としての魅力が高まるはずです。

もし、初回デートの後にも奢られることに抵抗があるなら、「次は私がご馳走するね」と予告しておくと頭脳派女子としては気が済むでしょう。

彼を喜ばせる魔法の褒め言葉

これは、どうしたってNo.1は、「カッコイイ」です。（ちなみに女性は「かわいい」です）

実際、男性に対して「カッコイイ」と言ってみてください。言葉の魔法の効果がわかるはずです。

男性は、どうして「カッコイイ」と言われたいのか？

それは、「カッコイイ」という言葉には、肯定と応援の意味があるからです。

男性は女性に全肯定されて、応援されることに無上の喜びを感じ、それによって驚くほどの力を発揮したりします。だから「カッコイイ」は魔法の言葉なのです。

さて、頭脳派女子のあなたは、ここ数ヶ月の間、男性に向かって「カッコイイ」と言いましたか？

人によっては、何年も言ったことがないという人もいるかもしれません。世の中の多くの女性が、男性への最上級のほめ言葉が「カッコイイ」ということを知りません。だから、言うだけで、あなたは気になる男性のスペシャルな存在になれます。

そして、もう一つの魔法の褒め言葉は「あなたなら、できる（と信じている）」。
目的は、彼が自力で問題解決できることを信じていることを伝えること。
女性は、心配してほしい生き物ですが、男性は信頼してほしい生き物なのです。
だから、男性は、できると信じて見守ってもらうことで愛情を実感するのです。
男性にかける真の魔法の褒め言葉は、決して、ぶりっ子言葉ではありません。

・カッコイイ

・あなたなら、できる

この2つの言葉なら、頭脳派女子としても口にしやすいのではないでしょうか？

ぜひ、気になる男性に使ってください。きっと、ビックリするくらい男性を喜ばせることができるはずです。

彼自身が気がついていない彼の魅力を見つけよう

心理学者のジョセフとハリーが考案した「ジョハリの窓」という自己についてタ

イプを分けたものがあります。

・**開放領域**：自分も他人も知っている自分
・**盲点領域**：他人だけが知っている自分
・**隠ぺい領域**：自分だけが知っている自分
・**未知領域**：自分も他人も知らない自分

この中で、褒められたときに一番うれしく感じるのが「他人だけが知っている自分」です。例えば、「美人」と評判の女性で、自分でもその自覚がある場合、「キレイですね」と褒められても、そんなにうれしくないものです。しかし、自分が気づいていない部分を褒められると、驚きと共にうれしさがこみ上げてきます。これを心理学では「自己拡大」と言いますが、この自己拡大の喜びを与えてくれた人に対して、特別な感情を持つことも分かっています。

なので、彼自身が気がついていない魅力を掘り当てて褒めてみましょう。「さりげない優しさがステキね」「指が長くてカッコイイね」など。

そうすることで、彼の特別な存在となって仲を深めることが期待できます。

ちなみに褒め方も男性と女性で違っていて、男性は部分的に褒められるよりも、全体を褒められることを好む傾向にあり、女性は全体よりも部分的に褒められることを好む傾向にあります。

部分的な褒め方が好きな男性には、その魅力を思わせぶりに言ってみましょう。

学歴の高い男性には「私、頭がいい人が好きなんです」

明るい男性には「話が面白い人が好きなんです」

塩顔のカッコイイ男性には「塩顔のイケメンが好きなんです」など。

言われた男性は自身に当てはまる言葉を受けて、「え？　ボクのことを言ってるの？」と錯覚すると共に、あなたのことが気になって仕方なくなります。

このように自分の魅力を分かってくれて褒めてくれる女性に対して男性は、この人とはフィーリングが合いそうだなとか思うわけです。

ここまで来ると、男性は行動を起こし、「今度、ご飯でも食べに行きませんか？」という流れになります。そうしたらもちろんOKするのですが、「わぁ!!行きたーい！」とノリ良く返答すると、より良いでしょう。

誘った男性にとって、女性からのノリがいいリアクションは、とてもホッとする安心材料になります。リアクションが薄いと、楽しんでくれなさそうだな、ボクにあまり興味がないのかな？　と感じてしまうかもしれません。笑顔で、すこしオーバーぐらいのリアクションがちょうど良いのです。

「一緒にごはん」は恋のスタート

人間関係を築いていく上で、一緒に食事をとることはとても有効です。食事をする無防備な姿は親近感を感じられるので、食事をしながら話をすると、人はリラックス状態で無防備なため、ざっくばらんな話をしやすくなります。そして、話し方、話の内容、食事の仕方などから、相手の知性や教養、人間性がよく分かります。好きなメニューや味の相性が良いと嬉しいですよね。

食事は毎日の生活に欠かせない大切なものですから、生活の時間を一緒に過ごすことで人間関係が深まるようです。

男性から食事に誘われる場面もあるかと思いますが、男性はどういった心理で食事に誘っているのでしょうか？

実は、男性のほとんどが何かしら目的をもって女性を食事に誘っています。

男性が気になる女性を食事に誘うのは、素直に仲良くなりたいという気持ちからであり、気が合うか合わないかなど判断をしたいからです。基本的にその女性に好意があるからですね。貴重なお金と労力を使って、全く好意がない女性と食事をしたいとは思いません。

男性は、一緒に食事に行くことがふたりの仲を深める最初の一歩であると思っていますから、断られたらあなたへの好意が揺らいでしまうかもしれません。今時の男性はデリケートで打たれ弱いので…。

たしかに、好きでもない男性から食事に誘われたら断ればいいと思いますが、少しでも気になっているなら、お誘いに乗ってみるのもいいでしょう。

男性が女性と一緒にご飯を食べたい好意の種類は人それぞれです。大きく分けると「女性として好き」なのか、「友達として好き」かのどちらかです。「友達として好き」からであっても、食事をしながら、いろいろ話しているうちにふたりの仲が進展することもあるかもしれません。

「ボクには彼女しかいない」と思わせるには

イギリスで行われた調査結果で、半数以上の男性が、初対面の魅力的な女性の何気ない仕草や発言に一目惚れをして、3回のデート（スリーセット理論）で、約75%の男性が「彼女しかいない！」と心を奪われているという事が判明したそうです。

男性は見知らぬ女性に対して恐怖心を持たないので一目惚れしやすいのです。対して女性は、見知らぬ男性に対して恐怖心と防衛本能が働くので、女性が男性に一目惚れするのは約10%です。さらに女性から「彼しかいない！」と確信を持つには最低でも6回以上のデートの後です。

この結果で、男性がいかに女性に魅了されやすいかがわかると思います。

だから、男性に惚れさせて追いかけさせるのが有効なのです。

特に、男性は弱っている時に側に居続けてくれる女性を手放したくないと思うもの。例えば、仕事で大きな失敗をして落ち込んでいる時に、さりげなく励ましのメールや電話をくれる彼女や、事故を起こした時などの第一声が「あなたは大丈夫なの？　ケガは？」と無条件で彼の心配をしてくれる彼女。男性は、情けない姿を見せまいとして気を張ってしまう時、彼の本当の感情を汲み取ってくれる女性の存在は、どんな男性も感動し、「彼女しかいない！」と結婚を決心するようです。

そして、好きな音楽や映画やお笑いなどのカルチャーが一緒だと、「彼女しかいない！」と思いやすいようです。

さらに言うと、彼を甘やかすことだけが優しさではありませんよね。男女関係でも優しさの中にも厳しさを持ち接することで、男性の心を引き寄せることができます。彼の言動や行動で「？」な部分があるなら、きちんと指摘することも大切です。ここが、付き合いの分かれ目になることもあるかもしれませんが、あなたの愛ある指摘に対して反抗するような男性や、他人の意見を前向きに受け止められない男性は、基本的に自分勝手で幼稚な性格ですので一緒にならない方が賢明です。

もう一つ、彼の前で無邪気な態度をしてみるのもいいですね。ごはんを美味しそうに食べたり、デート中の電車の中で眠ったり、その無防備な態度が彼への信頼に見えて「かわいいな」「守ってあげたいな」と思うはずです。

最終的に「彼女しかいない！」の究極は、とびきりの笑顔です！

会えてうれしい、一緒にいて幸せという気持ちを最大限に表したのが笑顔だから。

そんな笑顔を見せられたら、男性は「この笑顔を一生守りたい」と思うでしょう。

「抱きしめて」と素直に甘えてみよう

頭脳派女子の苦手な分野だと思いますが、毎日の生活の中で、寂しかったり、人肌恋しかったりすることもありますよね？

そんな時に彼に素直に甘えてみていいんですよ。いや、素直に甘えてください。恋愛経験が少ない男性、女性の兄妹がいない男性、女友達が少ない男性は、特に女性に対する免疫がないので、彼女の寂しさを察することができません。

頭脳派女子の長所でも短所でもあるのが冷静さと落ち着きです。嬉しい、悲しい、楽しい、不安、などの喜怒哀楽を感じたら、わかりやすく彼に伝えるようにしてみましょう。楽しい時はとびきりの笑顔を見せたり、悲しい時は気持ちを隠さずに泣いたりと、素直な感情を彼に見せていくのです。

好きな人に、「嫌われないかな」「引かれないかな」と考えてしまって、ありのままの自分を見せられなくなっていませんか？

たしかに、泣いたり怒ったりするマイナス感情を出すのは勇気がいりますが、その前にしっかりと、喜びの表情や楽しい姿を見せていれば、彼はあなたの気持ちを受け入れやすくなっていくはずです。

そして、アクション。手をつないだり、キスしたりは、男性からしてほしい！と思う頭脳派女子は多いでしょう。

でも、男性だって不意なことをして「嫌われないかな」「引かれないかな」「体目当てと思われたらイヤだな」とか考えて慎重になっているのです。そもそも、どんな時に女性が抱きしめられたがっているか？　なんて知らないですしね。

このような男性側の状況も理解してあげれば、女性の方から彼に「抱きしめて」サインを出してあげることが必要なことがわかると思います。

例えば、手をつなぎたかったら、彼の服の裾を掴んでみたり、キスをしたかったら、顔をのぞき込んでみたり、彼が察しやすいスキンシップを心がけてみましょう。

彼に行動を起こしてもらうには、女性からの「素直な行動」で働きかけるのが一番です。自分から愛情表現をして、彼に自信やきっかけを与えることをしましょう。

頭脳派女子

Column

男性が感じる女性の魅力とは

どんな人間にも異性に発している魅力があり、分かりやすいメッセージもあれば、ほとんど気づかないものもあります。異性はそれらを解読し、相手が目的にふさわしいかどうか判断します。

男にとっては、自分の子孫を残せるかどうかが、生物学的に女性の魅力となることが分かっています。生物学的な魅力と美しいことは、基本的に同じだと考えて良いでしょう。男性は女性のどの部分を見て「魅力」を感じるのでしょうか？

1500人を対象に行った調査で、男性が女性のどんな所に注目するのかを調べました。

1位・全体の雰囲気
2位・引き締まった身体
3位・胸
4位・お尻

男は目で恋をする生き物だということがよく分かる結果となっていますね。

しかし、ここで大事なことがあります。

実はこの身体的魅力は「ワンナイトラブ」に有効なことであり、長期的なパートナーとして魅力を感じるポイントは別だったのです。

長期的なパートナーとしての魅力とは

1位・性格
2位・全体の雰囲気
3位・胸
4位・ユーモアの感覚

そう、結局は「性格」なのです。

そして、「胸」が根強い人気なのだということも見逃せませんね。大きさではなく胸そのものの存在感に惹かれているようです。

この結果でわかるように、女性は外見を男性の好みに合わせるだけで男性を落とすことが可能です。そして、男性にとって生涯を共にする理想の女性像は性格重視になるので、外見＋性格を整えれば理想のパートナーと結婚することは夢ではありませんね。

6 DAYS

これまでの
男性像を捨てる

「本当の男心」をわかっていれば、
哀しい別れは避けられる

草食男子なんて存在しない

草食系男子に対してのイメージは、あまりよくありませんよね。特に年配の方は「男はもっと積極的になれ！」みたいなことを言う傾向にあります。

しかし、それは現代の社会の構図を知ると、古い考えと言わざるをえません。今は、ネットやスマホでひとり遊びが楽しめる時代であり、恋愛以外の楽しいことが溢れています。恋愛以外の楽しい要素が増えれば、恋愛に積極的ではない人間が増えるのも当然です。必ずしも恋愛にガツガツする必要はないのです。

たしかに草食男子が増えているとは言われていますが、「恋愛で好きな人ができたらどうしますか？」という問いに対して、なんと、男性の9割が「好きな人ができたら、自分から告白する」と答えたそうです。9割の男性が「好きになったら自分から告白する」と答えたとしたら、草食系男子が増えているという事実は違うかもしれません。

実際、婚活中の男性に「草食系男子ですか？」と聞くと「いいえ」と答える人が多数です。事実、恋愛シーンでモテモテの女性は、男性にいつも積極的にアプローチされています。

しかしながら、最近は女性も恋愛に対して積極的な人が増えてきました。「好きな人が告白してくれないなら、自分からする」というのが今の女性の恋愛に対する姿勢です。

本来、本能的に狩猟型である男性は、追いかける恋が好きです。

にもかかわらず、最近の女性は、恋愛に対してとても積極的で、自らアプローチをして、デートを企画し、主導権を握っていきます。

頭脳派女子が恋に積極的になると、お姉さんやお母さんのような世話焼きモードになってしまって、女性らしさが欠けてしまい上手くいかないことも多いのではないでしょうか？

女性には母性本能があり、彼をもっとイイ男に育てたくなってしまうのです。その欲求から、彼の言動や行動に口出ししていくようになります。

「彼に少しでもイイ男になってほしい」
「彼のために言ってあげている」
という気持ちは分かりますが、男性は言われるたびに心とプライドが傷ついているかもしれません。

結果、女性が男性を草食化させているです。

そうです、実は、男性を草食にしていたのは女性だったのです！

デートに誘ってくれない男性を見ては、「最近の男って草食だから…」と文句をいう前に、もしかしたら、自分が男性を草食にしているかもしれないと考えてみましょう。男性から積極的に誘われる女性でありたいなら、男性を肉食のままにさせておくようにしましょう。

「男性を立てる」
「話をにこやかに聞く」

「キレイでいるよう努める」

これが、男を肉食のままにさせるモテ女の共通点のようです。ぜひ、心がけてみましょう。

彼女のビジュアルにうるさい男はナルシスト男

彼女を自分好みに仕立て上げようとする男性がいます。

マイフェアレディのような紳士だったらいいのですが、付き合っていくうちに相手を自分の「所有物」だと思って、いろいろとビジュアルを指図してくる男性は要注意です。

たいていの男性は、相手が何を着ていようがあまり気にしません。

彼女が選んだ服装に対して「かわいい」「似合う」とただ感想を言う立場です。

彼女が髪を切っても彼氏が気づかないとかはよくありますが、それが世の中の普通の男性です。彼女のファッションや髪形にうるさく意見を言う男性には、きっと「自分の理想の女性像」があるのでしょう。

なので、彼女を「理想の女性」に仕上げて自分のそばに置いておきたいという願望が、ビジュアルに対してうるさく意見を言うことになるのだと思われます。彼女のビジュアルにうるさく言う＝自分の好みにしたい、という図式であり支配欲の現れです。

そういう男性は、たいてい自分に対しても高い理想を持っていて、ナルシストなことが多いもの。「今日のオレのファッションどう思う？」なんて、いちいち聞いてくる面倒くさい男の確率が高いです。こういう男性は、間違いなくあなたよりも自分のことが優先です。彼女のビジュアルにうるさい男性は、こういう性質を持っていると理解してお付き合いしてください。

付き合う気のない男の「据え膳」になるな

「好きな男性がいるのですが、彼が『今は特定の彼女を作る気はない』と言います。彼は私の理想のタイプなのでお付き合いしたいです。どのように距離を縮めればよいでしょうか？」

という相談もよく受けますが、男性の「今、特定の彼女を作る気はない」というのは、だいたい「君と付き合う気はない」という意味です。

もし、好みじゃない男性から言い寄られてデートに誘われたとしたら、あなたはどう断りますか？

「ごめんなさい、仕事が忙しくて…」とか言いませんか？

「あなたは恋愛対象外です」と面と向かって正直に伝えませんよね。

男性も同じです。目の前の女性を「いいな」と思ったら、「今は特定の彼女を作る気はない」とは言わないでしょう。相手からの言葉を文字通りそのまま受け取る人は、騙されやすいというか、相手の思い通りになりやすく、悪いタイプの男性に引っかかりやすいです。

あなたの気持ちをわかった上で片思いさせたままで放置したり、都合のいい時に肉体関係を持つためのセフレにしたりするかもしれません。

言い訳としてあるあるなのが、

「職場の人とは付き合わない」

「バツイチの女性とは付き合えない」

「仕事が落ち着くまで付き合えない」など。

他には
「自分から女性に告白しない」

「来るもの拒まず、去る者追わず」

「本気で人を愛したことがない」などもあります。

どれももっともらしい理由に聞こえますが、だいたいウソです。

そういう男性にうまく言いくるめられて、「じゃあ、その障害さえなくなれば、付き合えるんじゃないか」と思ってしまうでしょうが、男性の本音は「君と付き合う気はない」なのです。

男性は、目の前の女性を本気で「いいな」と思ったら、アプローチを開始します。付き合えない男性の思うツボにならないように気をつけましょう。

出会った当日の「好きだ」はキケン信号

「好きだよ」

「かわいいね」

「タイプだよ」

と口説きつつ
「仕事が忙しいんだよね」

「最近、失恋してまだ立ち直ってないんだよね」

とか、口説いているのに付き合うつもりがないようなことを言う、プレイボーイ風の男性っていますよね。

「ホントいい女だよな」
「美人だし、スタイルもいいし」
とか、どんどん褒められると心が揺らぎ始めて、彼を好きになりそうになる。

これは、先に女性を自分に惚れさせて思うがままにしたいという男のズルさ。こうして不真面目な恋愛をけしかけてくる男性は存在します。

キレイだけどタイプじゃない女性に対してよく使う手です。最初からセカンドにするつもりで、女性の好意を引き出して「据え膳食わぬは男の恥」という状態に持っていくのです。女性の方から積極的に据え膳になってるのではなく、いつの間にか据え膳に仕上げられてしまうのです。

こういうプレイボーイ風の男性には最初から近づかないようにしましょう。あなたの貴重な時間をこんな男性に費やすほど無駄なことはありません。

「付き合おう」となかなか言ってくれない彼

男性から自分のことが「好き」だと告白されたけれど、「付き合う」ことについては、ハッキリしない。こういう相談もよく受けます。

告白された女性からすると、告白＝付き合いたい、という図式が浮かぶはず。だって普通は、告白というのは「付き合ってほしい」という意味のはずですから。

こういうケースは、恐らく男性側に何かしらの「付き合えない理由」があると思われます。仕事で忙しくて時間がない、別の女性と付き合っている、実は結婚している、なども理由として考えられます。

付き合えないとわかっているのにどうして告白なんてしたのか？

おそらく、ただの自己満足です。

自分の中で大きくなった「好き」という気持ちを吐き出して、スッキリしたかっただけ。告白された女性としては「付き合うつもりがあるのに、何なのよ！」となるでしょうね。

でも実際、付き合うとなると、頻繁に連絡を取り合い、デートをするのが当たり前。つまり、ある程度の時間やお金が必要になります。それを負担に思う男性も多いのです。だから、好きだという気持ちだけ伝えて終了にしてしまうのですね。

こういう男性に一番いい対応は、「ありがとう」と告白に対する感謝を伝えて、普通に友達付き合いをすることです。彼の中で満を持した時に、また告白してきて、今度は「付き合おう」と言うかもしれません。

女の恋心に火をつけて去っていく男

「自分から女性に告白するタイプじゃない」

いいなと思っている男性からこんなことを言われると、

「じゃあ、私から告白しなきゃ」

と女性は思ったりしてしまいがちです。

実はこれがくせ者。

「この女性は自分に気があるな」と思った段階で、男性は受け身のアプローチに切り替えて、女性の方から来るのを待つようにしているのです。

その理由は、「オレから迫ったんじゃない。彼女の方から来たんだ」となれば、責任が生じませんから。「オレは、付き合ってと言ってない。そっちから迫ってきた」という言い訳ができます。

本来、男性は狩猟型の動物なので好きな女性には自分からアプローチをしたがります。目の前の女性と付き合いたいと本気で思ったら、男性は必ず告白してきます。

それなのに「自分から告白するタイプじゃない」と言うことは、責任を取るつもりのない男なのだと思って警戒した方がいいでしょう。思わせぶりな言動をしているのに、男性から距離を縮めてこないなんて不自然極まりないですよね。

その裏には、かならず何かがあります。

そんな男性への一番の対処法は、ズバリ「相手にしないこと」です。

「自分から告白するタイプじゃないんだよね」と言ったら、「そうなんだ、私もそうだよ」とか。
男性のズルい戦略に巻き込まれて時間を無駄にしないようにしましょう。

賞味期限切れの恋にしがみつかない

「最初は彼からのアプローチがスゴかったのに…」
男性からの熱心なアプローチに戸惑いながらもうれしい経験、ありますよね。
どうして私にアプローチしてくるの？
私のどこが気に入ったの？
ひょっとして遊び？
体目当て？
あるいは本気？
と、頭の中がぐるぐるしますよね。
今どきの恋愛はとても速いペースで進み、速いペースで終わるようです。最初はアプローチの勢いがスゴかった彼と半年後には音信不通。これもよくあることです。

連絡がとれなくなった彼は、もう、賞味期限が切れた男だと思いましょう。

終わった恋にしがみついているのは、あなただけ。

毎日に寂しさを感じていると「終わった恋」に執着してしまいます。彼に未練があるのではなく、彼に追いかけられてキラキラしていた頃の恋に未練があるのです。

きっと次の恋がはじまれば、賞味期限切れの彼のことはサラッと忘れてしまうでしょう。

だから、別れた理由をあれこれ悩んだりしないで、いずれは忘れてしまう恋に執着せず、手放す勇気をもちましょう

頭脳派女子

Column

異性間コミュニケーションを知って恋愛上手になろう

・男は理性、女は感情

恋愛に関してはこの理性と感情がネックになり、男女がわかり合えない根本の原因となっています。男性は感情的な女性に対し理論的に説明し、女性は理論的な男性に対して感情論を訴えます。

・男は加点方式、女は減点方式

女性は男性に見切りを付けると、あっという間に評価を下げます。付き合い初期の頃は相手の欠点さえも過大評価してしまったり、欠点を見ないふりして「この人には欠点なんてない」と思い込んでしまいがちなので、反動が大きいと言うことです。

対して男性は基本的に女性を過大評価しません。そして相手の良い所を見つけるたびにじわじわと長所が加点されていきます。

・男性のＬＩＮＥは手段、女性のＬＩＮＥは目的

男女の差を一目瞭然にするのがＬＩＮＥです。

男性には女性特有の「繋がっていたい」という意識はあまりなく、ＬＩＮＥはあくまでも「相手の情報を得る手段」と認識している人が多いようです。

女性が繋がっていたいという思いからＬＩＮＥを目的にしても、男性はそうは思わずあくまでも便利なツールとしてＬＩＮＥを使用しているだけなので、温度差を感じてしまうことが多いのです。

・男が満足したいのは今、女が満足したいのは未来

女性が付き合っている彼に結婚について聞いたとき、男性は結論を先延ばしにしたりしますよね。女性は未来を想像して前へ進もうとしますが、男性はあまり未来を想像しないのです。

今が楽しいし、結婚しなくても今のままで十分だと思うからです。

人生設計を考えた時に女性は子供を産む年齢を考慮したり、周囲の友人や同僚と自分の置かれた立場を比べて結婚が遅くなることに不安を抱きますが、男性が想像するのは自分の両親の反応などリアルな状況だったりします。

恋愛には男性と女性の違いを知ることが大事です。

男性とお付き合いすると「どうしてわかってくれないの?」とイライラしたりすることが多々ありますが、そもそも男女は違う生物なのだと思えば少し気が楽になります。特に仕事が好きな頭脳派女子は、男性と対等という意識がはたらくので性差を忘れがちです。男性を知り、男性の立場にたって考えてみるだけで、心にゆとりができたり、彼のことをより受け入れられるようになります。

7 DAYS

恋愛から結婚へ。「この人!」と思えるマインドを手に入れる

素直に本心を伝えられれば、
「仲のいい男友だち」が「運命の人」に……

好きな男性に好かれるためには

頭脳派女子の対極にいるモテ系女子は、簡単にいうと男性を勘違いさせることのできる女性。初対面から親しみやすく、なじみやすく、男性の懐にパッと入ることができます。

そういう女性と接した男性は「ボクに気があるのかも…」と勝手に思い込んでしまいます。モテ系女子はモテることが当たり前。モテるとわかっていて、男性に好かれやすい態度を取ったり、甘えてみたり、目線を送ったり、胸元のあいた服を着たりできるのです。

それが（本人はあまり自覚していないかも知れませんが）周りから見ると「ぶりっ子」的に見えるのですね。

頭脳派女子の代表的な恋の悩みは、
好きな人がいるのに、いつも片思いで終わってしまう。
好きな人に振り向いてもらえない。

好きじゃない人に告白されてしまうことです。

好きな人に好かれたいと思っているのに好かれる気配がない。それなのに、全然好きじゃない男性になぜか好かれてしまう。おそらく好きでもない人に好かれてしまうのは、あなたが好きな人の前ではガチガチで本音を見せることができず、恋愛対象外の人には、リラックスして本音で接しているからです。

好きな人に良く思われたい、嫌われたくないという気持ちが働くため、本当の自分を包み隠してしまう。つまり、自分の魅力を最大限に伝えていないから、好きな人に好かれるチャンスを逃してしまっているのです。

好きという本音を隠していると「自分に興味がないんだな」と誤解されて悲しい結末になりやすいもの。

頭脳派女子もせめて好きな男性にだけは、好かれやすい態度を取ったり、甘えてみたり、目線を送ったり、胸元のあいた服を着たりしてみましょう。

好きな男性の前で心を閉ざしていてはダメ。「愛想よく、笑顔で」が基本です。

男性から誘われにくいタイプだと損をしますよ。

好きという本音を隠していると、男性を拒否しているような態度になりやすくて誤解されます。

好きな男性に誘われたいなら、まずは自分の心を解放することです。そうすることで「ボクのことを嫌っていないな」と感じるので、アプローチしやすくなります。

彼の好きなタイプが自分と違った時

好きな彼の好きなタイプは、モデルのようなスラッとした女性。でも、私は背が小さくてポッチャリしている。彼の好みには当てはまらないから、好きになっても無理かもしれない…。と諦めますか？　それとも、ダメ元でもがんばりますか？

私は「がんばる」方をオススメします。好きになってもらえる可能性が低い男性に好かれる方法があるからです。

まずは、彼について調べ上げます。どんなことが好きで、何を趣味としていて、どんな仕事をどんなポリシーでやっているのか、ＳＮＳ投稿や友達へのリサーチでだいたいわかると思います。もし、野球やバイクや釣りなど女性があまり興味を持てない分野が趣味だったとしたら、投資を惜しまず、本を買ったり、チケットを手に入れて観戦しに行ったりしましょう。野球やバイクと釣り知識をある程度つけて、彼と話が合うようにするのです。これは、かなり効果があって、男性がかなりの確率で好意を持ってくれます。努力が報われやすいので、好きな人を理解するためにお金と時間を使うことは無駄ではありません。

そして、実は最も大事なのは、好きという気持ちを隠して近づくこと。

なぜなら、男性は、好みでもない女性から好かれているとわかると、距離を置こうとするからです。何度か説明していますが、男性には狩猟本能があるので、恋は追いかける側になりたいのです。なので、好みでない女性から求められているとわかった途端、逃げたくなるのです。

難しい加減ですが、ムリめな彼に対して、好感を持たれる努力はしても、「好き」という気持ちを知られてはならない、ということ。ひたすら、好きな人を理解する努力をして、その結果、まずは「最も仲の良い女友だち」のポジションを勝ち取りましょう。

そうすれば、「好き」アピールをしなくても、向こうから距離を縮めてきてくれるはずです。


自分のことは後回しにして、とにかく彼を理解してあげましょう。

もし、彼に彼女がいたとしても、諦めずに最も仲の良い女友だちで居続けましょう。いずれその先に、彼を理解しないワガママな彼女より、「ボクのことを一番わかってくれるのは君だ」と彼に選ばれる奇跡が起きるかもしれません。

あきらめきれない恋を叶えるためには

恋愛は自由です。恋人のいる男性を好きでいるのも自由。恋愛という感情は自由なんだと思うだけでも気持ちに余裕ができて、自分自身の感情に素直になれるものです。

ただし、彼女がいる男性、もしくは他に好きな人がいる男性を好きになった場合、注意しなければならないことが一つあります。

それは、恋が成就する前に肉体関係を結んでしまうこと。

一度でもそうなってしまうと、女性の恋心がスパークしてしまって、ズルズルとセカンドやセフレになってしまう可能性大です。「迷惑かけないから会ってほしい」「会える時だけでいいから会ってほしい」となると、相手にとって都合のいい女というポジションに収まってしまいがち。お付き合いすることを確認しないまま、安易にセックスすることは避けましょう。

私は女性から男性に告白するのはNGにしていますが、諦めきれない恋の決着をつけるためであれば話は別です。

思いを伝えないまま諦めて後悔するよりも、しっかり想いを伝えて、ちゃんと振られた方が次の恋にも進めるからです。

「何度も諦めようと思ったけど、やっぱり好き」と伝えることで、彼はあなたの真剣さを感じるでしょう。繰り返しますが、「彼女がいてもいいから」「好きな人がいてもいいから」など、自ら自分をセカンドに誘導するような発言は絶対にしないこと！　だって、そんな立場を本当は望んでいないでしょう？

あくまでも「あなたが好き」という気持をストレートに発して、自分を選んでもらうかどうかを委ねることです。「1週間後に返事を聞かせてほしい」など期限を区切ると、相手もあなた自身も自分の気持ちに折り合いが付けやすくなります。

そして、どんな結果でも受け入れる覚悟で告白をして、実際にスッパリと受け入れることをしてください。未練や執着があると、彼はあなたを嫌いになってしまうかもしれませんので、あくまで爽やかな告白に徹しましょう。

男に浮気されやすい女性とは

浮気をする男性はもちろん悪いかもしれませんが、浮気をされやすい原因を作っているのは女性本人だったりします。

彼が心変わりしてほかの女性に目を向けるのは、それなりに理由があるものです。

彼氏にまったく浮気されたことがない女性もいれば、新しい彼氏ができるたびに浮気をされるという女性もいますから。

浮気をされやすい女性には、共通した特徴があります。**まず基本的に、浮気しそうな男性ばかり選んでいる傾向にありますね。**イケメン好き、チャラ男好き、いかにもモテそうなタイプが好き、など。浮気しそうな男性にばかり惹かれる女性は多いです。

つまり、好きなタイプが浮気性の男性だったということなのです。きっと浮気性の男性が放つ独特の危険なオーラに強烈な魅力を感じてしまうのでしょう。だから案の定、浮気ばかりされて辛い思いを繰り返すことになるわけです。

ここまで解れば答えは簡単。

これからは真逆のタイプの男性を彼氏にすればいいのです。

そして、浮気される、もう一つの原因は、干渉と束縛です。

彼が心配で、

「誰と会うの？」

「どこに行くの？」
「私以外の女性と会わないで」
など、彼を縛りつけてしまうことは控えましょう。

男性は自分も独占欲が強いくせに、束縛されることは嫌いというわがままな生き物です。彼女の度を超えた束縛についていけなくて、逃げ出したい気持ちばかりが大きくなっていくでしょう。

「浮気しないで」「他の女性と話をしないで」と縛られると、反動で欲求が大きくなるのです。もっと彼を信じて解放してあげましょう。

あなたを好きなら、少し浮気をしたとしても戻ってくるはずです。

浮気をされやすい原因を作っているのは女性本人との切り口でしたが、自分の恋愛観や意識を変えることをして浮気地獄から抜け出すことが可能なのです。

男は一度好きになった女を忘れない

恋愛は、女性は上書き保存、男性は名前をつけて保存とよく言われますよね。男性は新しい彼女ができたとしても、過去の女性のことをフォルダに保存している状態で、昔の彼女の記憶は削除はしないのです。

中には「一生忘れられない」と感じる女性がいることもあるでしょう。

20～30代の男女100人に、本気で好きになった人を忘れられなくてモヤモヤした時間を調査したところ、平均すると5年でした。さらに、男女による違いもあり、女性の平均が4・19年に対し、男性は6・71年。その差、なんと2・52年もあったのです。

やはり男性の方が、過去の恋愛を長く引きずる傾向にあるのですね。特に男性は、別れ方に後悔している時、相手の女性を思い続けてしまう傾向にあります。恋の終わり方が悪ければ悪いほど、その恋愛自体が心の傷として残ってしまい、忘れることが出来ないようになっているようです。

「今のボクならうまく付き合うことが出来るのに」
「今だったら、幸せにしてやれるのに」など考えてしまうのですね。

ＳＮＳなどで自分が幸せに出来なかった女性が、他の男性の力で幸せになっているということを知った時も、忘れられない女性となるようです。

そして、最大の特徴が「思い出を美化する」こと。

付き合っていた時にケンカばかりしていて別れたとしても、数年たって当時を振り返れば、ケンカのシーンはすっかり忘れて、彼女と笑い合っている時ばかりを思い出してしまうのだそうです。

でも、心配はご無用です。

過去に忘れられない女性がいるからといって、その女性との復縁を望んではいません。復縁したところで、別れてしまった相手と上手くいかないことはわかっているのです。

ただ、思い出として大事にしているだけ。

元カノに、さかのぼり嫉妬なんてしなくていいのです。

あなたとの新しい恋愛に夢中になると、その最中は元カノをすっかり忘れているのですから。好きになった女性を美化して保存しておく男性の習性をカワイイと思うぐらいの余裕でＯＫです。

ただの知り合いから好きな女に変わる時

男性は、一緒にいてやすらぐ、癒されることを女性に求めていますが、それと同時に女性から受ける刺激というものにも惹かれます。

会話していて引き出しの多い女性は「色々なことに興味のある人なんだ」とか「素直に話していて楽しいな」と男性側に思わせてしまう力があります。

好きな男性がいるのなら、その男性の趣味や興味のあるものに対して調べたり、実際にチャレンジすることをオススメします。彼がテニスをしているなら、自分もテニスをやってみるとか。好意を持っている彼がモテる男性なら、なおさら、他の女性との差別化を図るためにもチャレンジしてみましょう。

私とお付き合いすると楽しいよ！　と思わせるように、日頃から好奇心を持ち続けることが必要ですね。

「成長したい！」と努力している人は輝いて見えます。

例えば、「5キロ痩せてファッションを楽しみたい」と思って運動や食事改善をしていたら、見事5キロ減を達成して、念願だったファッションを楽しめることになりました。そしたら、肌のツヤが良くなった。見た目に自信がついたら仕事も上手くいくようになった。そして、男性からモテるようになったというご褒美まで得られるのです。

人は、成長したいと努力して目標達成すると、他にも素敵な特典がついてくることになっているようです。

また男性は、喜怒哀楽が豊かな女性に心が動きやすいもの。

頭脳派女子の勘違いで、大人になって「嬉しい」とか「悲しい」という表情を思いっきりだすのが恥ずかしい、と、喜怒哀楽を封印してしまっている女性は多いです。人からどう思われるか、をとても気にしているタイプにその傾向が強いですね。大人としてクールに振る舞って動じないことが美しいと思っているのかもしれません。でも、男性から見るとそういう女性は魅力的ではないのです。

・うれしい時は思いっきり笑顔でいられる
・悲しい時は涙をポロリと流す
・面白い時は、大きな口を開けて笑う

喜怒哀楽がわかりやすい女性は、一緒にいるだけで楽しくて魅力的です。リアクションがいいので会話していて楽しいのです。

男性は、自分の会話で思いっきり笑顔になってくれると、安心と満足感を得られます。自分が提供したことにリアクションがあるのがうれしいのです。

表情豊かな女性に男性はかなり惹き付けられます。男性はあまり表情を顔に出さないことが多いから、表情美に憧れているのです。ただの知り合いから、彼の好きな女性に昇格するには、素直な感情を解放することをオススメします。

感情的な時は彼と会わない、連絡しない

感情的とは女性の専売特許のようなもの。

恋愛している時は特に、嫉妬、束縛、依存の負の感情に支配されやすいものです。付き合っている彼が冷たくなったと感じたり、心が離れたかもしれないと焦った時に負のパワーを爆発させて、恋を一瞬で終わらせてしまったりします。

つまり、自爆ですね。感情にまかせて彼に負の感情をぶつけるとは、どんな言動なのでしょう？

それは、彼の悪いところや違っていることへの指摘、自分の気持ちをわかってほしいという押しつけです。

では、感情的な行動をとらないためにはどうしたらいいのでしょう？

一番いいのは、彼と距離を置くことです。仕事に邁進したり、趣味に没頭したりして彼と一緒にいる時間を意図的に減らしましょう。

それでも負の感情が込み上げてきて、彼に言いたいことが募ってきたら、その思

いを紙に書き出して発散しましょう。彼にどうして欲しいのか、何を言いたいのかを書きなぐってみましょう。そして、3日後にその紙を見ても同じ考えなら行動に移してもいいですが、きっと「言わなくてよかった」と思うはずです。

恋愛は、感情が基準となって進展するものですから、非常に難しい人間関係なのです。だから、「私は間違ってない」「彼が悪い」といった主張をして、それが通ったとしても、肝心の恋愛感情が消えてしまったのでは何の意味もないですよね。恋愛関係で好きな男性の心を動かそうと思ったときは「どっちが正しいか」は置いておきましょう。そして感情的な言葉も脇に置いておくようにすると上手く関係が続きます。

「彼女だから当然」の落とし穴

「付き合う前は素敵な女性だと思っていたのに、付き合ったらガッカリだった」と思われてしまう女性。実はとても多いです。

彼女なんだから当然！　と思うことあるでしょう？

「誕生日を覚えていて当然」

「私が困っている時に助けてくれて当然」など。

これは、彼に対するあなたの考えの押し付けです。

彼にとってはそうではないかもしれません。

彼のお金の使い方や時間の使い方にいちいち介入していませんか？

「またムダ遣いして」

「ゲームばかりしないでよ」

など言いたい気持ちもわかりますが、あなたはまだ彼の奥さんではありません。奥さん気取りは、彼に疎ましく思われてしまう可能性があります。


「友達や仕事、勉強よりも私を優先してほしい」というのもＮＧ。好きな彼とできるだけ一緒に過ごしたい、という気持ちは分かりますが、彼の人間関係の優先順位の強要はやめましょう。

つまりあなたはヒマなのです。時間があるから、彼と一緒にいたがるのです。

では、彼女だから当然！　を逆の立場にしてみましょう。

「もっと、俺の時間を作れ！」

「仕事と俺どっちが大切なんだ！」

といつも言われたらどうしますか？

きっと、

「ヒマなの？」

「友達いないの？」

「他に考えることないの？」

「仕事しなさいよ」

と思いませんか？

彼の時間はすべて彼のものであって、あなたのものではありません。彼との時間を増やしたいなら、要望として伝えるのがポイントです。「もっと一緒にいる時間が増えたらうれしいな」と、強要ではなく要望として伝えてみてくださいね。きっと喜んで叶えてくれますよ。

頭脳派女子

Column

ふたりだけの秘密を共有しよう

ふたりだけの秘密って、なんだかドキドキしますよね。ふたりだけの秘密が恋愛感情を盛り上げてくれるのは、なぜでしょう？

「自分しか知らない一面」の情報は、恋愛を盛り上げる要素になります。もしライバルがいたとしても、「私しか知らない秘密がある」と思うと、自分が優位に立っていると優越感に浸れます。

これが恋愛の「秘密の共有」の強みです。

もし気になっている彼がいたら秘密を共有することをオススメします。

ふたりで一緒に食事に行ったり、旅行へ行ったり。共通の経験をすることで、どんどん仲が深まります。この作用が「内からクローズしている」状態。

そして、もう一つは「外からクローズ」する方法。ふたりが付き合っていることを公にすることです。ふたりの恋愛関係を周囲の知人や友人たちにオープンにすることにより、周囲から支援を受けやすくなります。

Last chapter

誰とも比較しない、
自分だけの
幸せを手に入れる

「本物の恋」を手に入れたら、
「本当の自分」も見せていこう

好きな女のために がんばれる男は結婚向き

異性間コミュニケーション的に考える恋愛の男女の役割は、男性は「愛する側」であり、女性は「愛される側」としています。

愛する側の男性の役割とは、自分が守るべき存在（愛する女性）を自分の力によって満たすこと。それは原始から変わらず、男性は愛する女性に快適な衣食住を提供したいと思うから結婚という形をとるのです。その男性のエネルギーを受けて、女性がどんどん幸せになるのが男性へのご褒美です。

女性は、男性から提供されるものを受け取り、素直に喜べばいいのです。

頭脳派女子は、男性からの愛を受け取るのがあまり上手ではないかもしれませんが、うれしいことを喜び、楽しいことを喜び、優しくされることを喜ぶことで男性を満たすことができるのですから、素直に受け取りましょう。

言葉かけにも男女の違いがあります。存在的動物の女性は、自分の存在そのものを讃えられているような言葉が好きです。


「かわいい」

「美しい」

「優しい」

「明るい」など。


社会的動物の男性は、行動や活躍を讃えるような言葉が好きです。


「カッコイイ」

「すごい」

「さすが」

「こんなの初めて」など。


男性は、女性に「カッコイイ」「すごい！」と言われるためなら、無理をしてでもがんばるものです。そして、そのがんばりを受け止めて褒めてくれる女性を探し続けているのです。なので、「がんばりがいのない女性」と結婚してしまったら、もしかしたら残念な結果になることもあるかもしれません。

繰り返しになりますが、あなたのためにがんばってくれている男性からの愛情は素直に受け取りましょう。それが幸せな結婚の基本です。

女を幸せにする男の資質

結婚とは、365日一緒に暮らしていく関係ですから、お互いに恋人関係だった時以上のものが要求されます。

女性を幸せにする男性の資質を3つ紹介します。

・相手のことを尊敬できるか

人は自分が持っていないものを持っている相手に対して好意を抱く傾向にあります。女性の人柄の良さは、賢さ、優しさ、明るさ、上品さなどに表されます。女性を尊重して尊敬できる男性。そういう紳士的な男性とは、幸せな結婚生活を送ることができるでしょう。

・問題解決能力があるか

結婚をすると、いいことも悪いこともあって、いろんな問題に直面することになります。問題が起きたらきちんと向き合って解決するよう努力してきた人は、問題解決能力が高いと言えます。結婚前に、彼がどんな問題を解決してきたのかを教えてもらうといいでしょう。男性にとって、武勇伝の披露になるので喜んで話してくれるでしょう。

・金銭感覚がきちんとしているか

「愛があればお金なんて要らない」なんてことはありません。

生活するにはお金が必要です。自分の収入に見合ったお金の使い方が出来るかどうかは、結婚生活では大事なことです。浪費家もよくないですが、ケチな男性にも要注意。お金に対しての執着心が強いので、必要な生活費も出し渋る傾向がありま す。バランスの取れた金銭感覚を持った男性を見つけてください。

結婚をする以上は、「好きだから何でも乗り越えられる」などということはありません。
これからずっと一緒に暮らしていくわけですから、見極めていきましょうね。

結婚できないのは誰のせい？

なぜ結婚できないのか？　と悩む婚活者の一つの特徴として、「誰かのせいでこうなった」いう被害者意識が強すぎる傾向があります。

見る目のない男性達のせいで、
付き合った男性のせいで、
母親のせいで、
環境のせいで…。

特に被害者意識が強い人の特徴は、他人に向かって「被害者である自分」を主張する時。つまり、自分が被害者で、あなたは加害者だ！　と主張する時に、たいてい言葉の暴力や行動の暴力を伴います。

自分の行動や言動から、問題が引き起こされたのに、何かのせい、他人のせいにして、自分は被害者だと思い込んで主張するので、自分の問題点を見ようとしない。だから、上手くいかない、成長しないのです。

それだけならば、まだしも、加害者を仕立て上げて「誰か」を攻撃します。

相手に「え？　私が悪かったの？」と罪悪感を持たせて自分を正当化するのが、被害者意識が強い人の得意技。つまり被害者意識は自分が創っているのです。

これに気がついて乗り越えないと、いつまでも被害者の世界にとどまってしまいます。どうしたら被害者意識から抜け出せるでしょう？

答えは一つ、「被害者」をやめればいい。

結婚できないことを、

見る目のない男性達のせいにするのをやめる。

付き合った男性のせいにするのをやめる。

母親のせいにするのをやめる。

環境のせいにするのをやめることです。

もう、誰かのせいにしない、って、自分で決めるしかありません。


どんなに被害者意識が出そうなことに直面しても、「これは自分が選んだ」と認めることです。

例えば「母親のせいで自分の人生が台無しになった」。これは、事実ではなく被害者意識が生み出したこと。自分の思いを「事実」に投影しているのです。

つまり、自分がそう思いたくて思っているだけ。あくまで自分が選んでいるということです。

自分の人生に責任を負えるのは、誰でもなく、自分しかいません。あなたが結婚できないのも、自分自身の問題です。誰かのせいにしないで、ちゃんと向き合ってみましょうね。

恋の主導権は女、結婚の主導権は男

「もう5、6年も付き合ってるのに、彼から『君のことは好きだけど、結婚はまだ考えられない』と言われてしまいました。私は当然結婚できるものだと信じてたのに…」

女性が結婚を望んでいても、男性の意思がそこへ向かわないと結婚できません。結婚式の主役は花嫁ですが、残念ながら結婚の主導権は男性が握っています。「結婚しよう！」と言うプロポーズは男性主導ですから、男性のタイミングで結婚が決まることがほとんどです。**責任が発生しない関係の恋愛関係は女性に主導権があり、責任がふりかかる結婚は、男性に主導権があります。**

彼に「結婚がまだ考えられない」と言われても、いつまで待てばいいの？　という無期限状態では、女性としてはキツいですよね。しかも、待った先にハッピーエンドがあるなら良いけれど、そうではないことだってあるのですから。

「オレはこの先どうなるか分からないし、結婚したくなるかわからないけど、とりあえず彼女はキープ」なんて彼に思われているなら、あなたから別れを切り出して自由になった方がいいですよ。子どもを産みたい女性の結婚には期限があります。無責任な男性に大事な時間を費やしてしまってはもったいないです。

婚活は、結婚を真剣に考える男性との出会いを探すものです。結婚を意識して結婚できる相手を選びましょう。

男が結婚を意識するプロポーズのタイミング

女性に比べ、男性は結婚への意欲が高まる年齢が遅いとも言われますが、実際はどうなのでしょうか？

まず始めに、男性の理想の結婚年齢について見ていきましょう。

Q.何歳までに結婚したいですか？

第１位：30歳まで（56・22％）

第２位：35歳まで（15・92％）

第３位：25歳まで（14・33％）
第４位：結婚願望なし（８・46％）
第５位：40歳まで（３・48％）

アンケートの結果、30歳までに結婚したいと思っているようです。

Q.結婚を決断する要因となったできごとは？
１位：彼女となら素敵な家庭が築けそうと思った（31・34％）
２位：彼女が妊娠した（11・44％）
２位：彼女以上の女性は二度と現れないと思った（11・44％）
４位：彼女が大好きでたまらなかった（10・95％）
５位：彼女や彼女の関係者からの結婚のプレッシャーが重かった（７・46％）

男性が結婚に踏み切るのには交際年数よりも、結婚するなら彼女しかいない！と思わせるかが大事のようです。男性が付き合っている女性と結婚を決めるキッカケは、彼女の妊娠だったり、結婚のプレッシャーをかけたり、親の病気だったり、転勤だったりすることが多いのは事実です。彼女の年齢がアラフォーだったりすること自体もプレッシャーになるでしょう。
結婚というのは、プロポーズをし、指輪をプレゼントし、お互いの両親に挨拶をして、結婚式を挙げるという行程を半年から1年をかけてしていくものです。これは、男性が覚悟を決める時間でもあります。たしかに、ここまでやったら心情的に後戻りできなくなりますしね。

私は結婚式の仕事もしているのでわかるのですが、できちゃった婚や籍だけ入れて何もしないでいると、結婚の覚悟ができないままということになりやすいです。なので、男性が女性と向き合えず、家庭内別居のような状態になったり、家事や育児を手伝えなかったり、浮気をしたり、離婚をする可能性が高まるようです。男性に責任を覚悟させるのが結婚の行程です。しっかり取り組ませましょう。

彼の浮気の許し方

浮気されたら彼を許しますか？　それとも、許さないですか？

許すにしても許さないにしても、浮気されること自体は気分の良いものではありません。でも彼と別れる気持ちがないのなら、彼を許して幸せになるための方法を知りましょう。

・浮気を許したあとは蒸し返さない

浮気を許した後、もう浮気の話を持ちだしてはいけません。

たとえば、ケンカのときに「なによ！　浮気したクセに！」と蒸し返してはダメということ。彼からすれば、浮気の件はもう許されたと思ってるから。許してくれたはずなのにどうして？　とあなたに不信感を持ってしまうでしょう。

・次の浮気を疑わない

浮気は水に流して、今までどおり仲良く付き合っていこうと決めたら、次の新しい浮気を疑ってはいけません。彼となかなか会えない時に「また浮気してる？」と責めたりしないようにしましょう。

浮気しない男だと信じてもらえてると思っているのに、また浮気を疑ってしまったら、あなたとのお付き合いが面倒になってしまうかもしれませんよ。

・ちゃんと言葉にする

彼との関係が良好じゃない時に浮気されてしまった場合、ちゃんと気持ちを彼に伝えましょう。ここで言う気持ちとは文句ではなく、彼のことが好きで信じているということを言葉で伝えるのです。

逆に、仲が良かったのになぜか浮気されてしまった場合は、怒った方がいいです。まずはしっかり怒って、それからきっぱり許す。怒らないで許してしまったら、彼は「浮気は悪いことじゃない」と思ってしまうかもしれません。

浮気はイヤなことですが、破局の危機を乗り越えたことで、ふたりの絆が強まったり、より深く愛し合えるようになる可能性があります。そのためには、「上手な許し方」を身につけておいてもいいかもしれませんね。

女は生きているだけで魅力的

ありのままの私で愛されたい。女性であれば、誰しも思うことでしょう。自分を偽らなくていい、ただ自分が幸せを感じているだけで、それが、そのまま相手の幸せになる。私の喜びが彼の喜び。「君が笑っていてくれたら、それでいい」という世界。その世界を実現させるために必要なのが、セルフイメージを高めることです。

頭脳派女子で恋愛が苦手な女性は、大抵、セルフイメージが低いです。心がすっぴん状態の自分を認められない。

取り繕ってデコレーションされた、殻をかぶっている状態で自分を守っています。ありのままでいい、カッコつけなくていい、自分の存在自体に価値がある、そう思うためには、すっぴん状態の心を晒して、「すっぴんでも愛される」ことを知ることです。

本当はそうじゃないのに、彼の前でイイ女風を装ったり、しっかり者を装ったりしていませんか？　チューリップはバラにはなれません。華やかなバラに憧れてバラになろうとしても、どんなにがんばってもチューリップはバラにはなれないのです。チューリップのままでいいの。チューリップとして最高に可愛らしく咲けばいいのです。そうなるためには、まずは自分が、ありのままの自分、すっぴんの自分を受け入れましょう。美味しいものを食べて、心から美味しいと思ったり、映画を見て心から感動したり、誰かに褒められたら、飛び跳ねるぐらい素直に喜んだり…。

こうして、あなたが本来の輝きに目覚めた途端、自分でもビックリするぐらいの魅力や美しさが現れます。本来の良さがバンバン出てしまって、放っておいても、あなたの魅力に吸い寄せられてくる男性が後を絶たないでしょう。

本当にこの人でいいの？と思ったら

本当にこの人でいいの？

本当にこの人と結婚していいの？と悩んでいる人いますよね。

「好きなんだけどモヤモヤする感じ…」

その答えは相手に求めるものではなく、自分で見つけるしかありません。

「本当にこの人でいいのかな？」と考えると急に不安になることをマリッジブルーといいますが、既婚者の女性のほとんどが「マリッジブルー」の経験があるそうです。では、なぜ迷ってしまうのか、その理由を考えてみましょう。

まず、彼と生活を共にしていく時、収入面は非常に気になるところです。妊娠、出産と家族が増えても安心して生活できるかどうか。そして、彼と家族になるということは、彼の親や兄弟など、家族が増えることになります。住む場所や両親との同居のありなしなど、不安に感じる点は多いかもしれませし、あなたにとって、どうしても譲れないものもあるかもしれません。それがブレーキをかけている可能性があります。

さらに、彼との価値観の違いもありますね。お金の使い方や時間に対する感覚、子どもに対する考えなど、挙げればきりがありません。でも、お互いに別々の環境で育ってきた他人ですから全てがぴったりということはありえません。彼の欠点や価値観の違いを許せるかどうかがカギになります。

「彼を信頼しているか？」ということもよく考えてみましょう。誰を結婚相手に選んでも「絶対に大丈夫！」という保証はありませんし、１００％相手に満足している人なんて、ごくわずかです。

「本当にこの人でいいの？」と思ったときにその不安を回避するコツは、悩んだら、それ以上は詮索しないことです。詮索すればするほど、不安や不満ばかりが目についてしまいますから。

そして、縁を信じること。縁があって、あの時、あの場所で出会ったふたり。ふたりは出会うべくして出会ったのです。夫婦は長くて40年ぐらい人生を共にします。その間に想像できなかった出来事がたくさん起こるでしょう。どんなことがあっても一緒に乗り越えられるのは、お金でもなく、価値観の一致でもなく、相手を思う深い愛情しかありません。

「好き」は瞬発的なものですが「愛情」はじっくり育むものものです。大好きな彼との関係を「愛」に昇華することを考えてみてください。きっと、運命の人に見えてくるはずです。

おわりに

頭脳派女子に知っておいてほしい恋愛の大前提。

男女の仲とは、常識の善悪を超越するもの。

ワガママで奔放な女性に男性が惚れるのも、浮気ばかりする男性に女性が惚れるのも、周りがいくら心配しても、本人がよければ関係が成り立ちます。いろんな人間関係の中で、最もはかなくて壊れやすい関係が恋愛関係です。たとえば、親子、兄弟、の関係は、何も努力しなくても関係性は続きます。たとえ10年間、一度も連絡しなくても続きます。友人関係も、年に数回、数年に1回でもたまに連絡したり会ったりする程度で続くものですよね。

しかし、恋愛は、そうはいきません。恋愛はお互いの努力によって関係が続きます。たとえば1ヶ月音信不通（電話やメールを一切しない）で放っておいたら、簡単に関係が壊れてしまいます。友人とは1ヶ月後に再会して「久しぶり～♪」となりますが、恋愛関係だった場合は、そうはいかないはずです。何もしないでいると簡単に壊れてしまうのが、恋愛関係なのです。

引きつける力も強いけれど、引き離す力も強い。結婚すれば少しはよくなりますが、お互いに誠実でなければ、壊れる時に壊れます。男女の仲は、はかなく壊れやすいのです。

人は、誰しも完璧ではありません。恋愛や結婚は、完璧じゃないもの同士の関わりです。男女は、完璧じゃないもの同士として、補い合うために一緒にいるのです。この前提を知っておくことで、相手を大切にすることを心がけた心地よい関係が築けます。お互いの不完全さを認め合って、励まし合うのがハッピーなパートナーシップなのです。

実は、私は、人間関係が苦手でした。

小学生の頃から苦手でした。

カワイコぶりっこする女子が嫌いでしたし、常に男子とは競い合って勝とうとしていました。異性とも同性ともうまくいかなくて、いつも悩んでいました。

でも、何するにも、ひとりではできないんですよね。

人生を楽しく生きていくためには、人との関わりは必須。

だから、人一倍、コミュニケーションを学びました。

このままでは、一生、恋人も結婚もできないと本当に思ったからです。

人間関係、コミュニケーション、心理学、脳科学、自己啓発の本を１０００冊以上は読んでいますし、あらゆるセミナーや講演にもたくさん参加しました。

そして、考え方を変えて、対人テクニックを覚えてどんどん実践していたら、恋も結婚も仕事も上手くいくようになったのです。学ぶこと、知ること、実践することの大事さを身をもって知りました。

人間関係が苦手だった私がコミュニケーションの仕事をしているなんて不思議ですが、これは自分自身の人生で越えなければならない壁であると思いますし、運命だと思っています。

特に私に似ている頭脳派女子には、異性間コミュニケーションを知って活用して幸せな恋愛と結婚をして欲しいと願っています。

本書が多くのハッピーなパートナシップの手助けとなりますように。

佐藤律子

いつも頑張っているあなたへ

読者限定特典

最後までお読みくださり、誠にありがとうございます。

恋に仕事に一生懸命、いつも頑張っている

あなたを応援したいから、

本書を読んでくださったみなさまに、

感謝の気持ちを込めて

読者特典をご用意いたしました。

佐藤律子の恋愛相談

恋愛原理マンツーマンレッスン

＋

恋愛占い

が **特別価格** で受けられます。

詳細は特典ホームページをご覧ください。

特典ホームページURL:http://www.iseikan.jp/lesson/

「佐藤律子 恋愛原理マンツーマンレッスン」で検索ください。

著者紹介

佐藤律子

アートセレモニー代表取締役社長。

婚活スペシャリスト。

OLからウエディングプランナーへ転職後、仙台初のレストランウエディング事業で驚異的な売上を達成。2001年ブライダルプロデュース業で起業。独自に開発した異性間コミュニケーションを使ってのカップル成立率50％以上、1000組以上のカップルを手掛けてきた。中でも恋愛に悩む"頭脳派女子"の多さから本書の執筆に至った。

公式ＨＰ：http://www.iseikan.jp/
ブログ：https://ameblo.jp/artbridal/

7日間《なのかかん》で運命《うんめい》の人《ひと》に出会《であ》う！

頭脳派女子《ずのうはじょし》の婚活力《こんかつりょく》

2018年２月20日　第１刷

著　　者　佐藤《さとう》　律子《りつこ》
発 行 者　小澤源太郎

責任編集　株式会社 プライム涌光
電話　編集部　03(3203)2850

発 行 所　株式会社 青春出版社
東京都新宿区若松町12番１号 〒162-0056
振替番号　00190-7-98602
電話　営業部　03(3207)1916

印　刷　中央精版印刷　　製　本　大口製本

万一、落丁、乱丁がありました節は、お取りかえします。

ISBN978-4-413-23078-0 C0095